LES PAUVRES GENS

L'auteur et les éditeurs déclarent réserver leurs droits de traduction et de reproduction à l'étranger.

Ce volume a été déposé au ministère de l'intérieur (section de la librairie) en mars 1888.

PARIS. TYP. DE E. PLON, NOURRIT ET Cie, RUE GARANCIÈRE, 8.

TH. DOSTOÏEVSKY

LES

PAUVRES GENS

TRADUIT DU RUSSE PAR VICTOR DERÉLY

PARIS

LIBRAIRIE PLON

E. PLON, NOURRIT et Cie, IMPRIMEURS-ÉDITEURS
RUE GARANCIÈRE, 10

Tous droits réservés

PRÉFACE

« Honneur et gloire au jeune poëte dont la muse aime les locataires des mansardes et des caves, et dit d'eux aux habitants des palais dorés : Ce sont aussi des hommes, ce sont vos frères ! » C'est en ces termes que Biélinsky saluait en 1846 l'apparition des *Pauvres Gens*, et certes l'enthousiasme du grand critique russe n'avait rien que de légitime : pour son début, Dostoïevsky venait de s'affirmer comme un maître ; à vingt-cinq ans, à l'âge où tant d'écrivains, même heureusement doués, se cherchent encore, il s'était soudain révélé, sinon dans toute la plénitude de sa puissante personnalité, du moins avec ce qui devait en rester toujours le trait le plus significatif : son ardente et contagieuse sympathie pour les obscurs vaincus de la vie, ceux que lui-même a appelés plus tard les « humiliés » et les « offensés ».

N'exagérons rien toutefois, et que notre admiration pour Dostoïevsky ne nous rende pas injustes à l'égard de son précurseur, car il en eut un. Quelque originalité qui éclate dans les *Pauvres Gens*, on ne peut dire de ce livre : *proles sine matre creata !* C'est Gogol, il ne faut pas l'oublier, qui, par son immortelle création d'Akakii Akakiévitch, a le premier appelé l'intérêt sur le petit tchinovnik, et montré un être humain dans ce grotesque voué exclusivement jusqu'alors aux sarcasmes des écrivains humoristiques. OEuvre éminemment suggestive, le *Manteau* a exercé une influence considérable sur le mouvement de la littérature russe ; nombre de romanciers y ont puisé des inspirations, et il est visible que le souvenir de cette nouvelle a hanté avec persistance l'imagination de Dostoïevsky pendant qu'il écrivait ses *Pauvres Gens*.

Mais combien notre auteur a élargi, amplifié, idéalisé, la vision de son devancier! Commencée dans Gogol par la souffrance, la réhabilitation de l'employé s'achève dans Dostoïevsky par le dévouement. Akakii Akakiévitch est une figure assez insignifiante en somme; il n'a d'intéressant que son infortune et serait profondément ridicule s'il n'était profondément malheureux. Sans doute Makar Diévouchkine, le héros des *Pauvres Gens*, est à plaindre aussi; mais en même temps qu'on le plaint, on l'admire, car cet être si chétif, si dénué, offre dans son humble personne comme un résumé de toute la bonté humaine. Charitable jusqu'à l'abnégation, on le voit en toute occasion se priver du nécessaire pour venir en aide à de plus besoigneux que lui. La misère, trop souvent cause et excuse de l'égoïsme, n'a fait que surexciter dans cette nature exceptionnelle l'essor des sentiments altruistes.

L'élévation morale nous frappe d'autant plus chez Makar Diévouchkine, qu'elle s'allie bizarrement à un esprit inculte. L'intelligence du pauvre homme est restée à l'état rudimentaire; sa philosophie est enfantine, ses jugements littéraires sont d'une innocence qui fait sourire; jamais ses idées ne dépassent le niveau de la banalité la plus plate, et il n'a pour les exprimer qu'un vocabulaire incertain dont il ne sait même pas se servir congrûment : tout en lui est médiocre, excepté le cœur.

Ce qui achève de caractériser le principal personnage des *Pauvres Gens*, c'est son humeur soumise et résignée, alors que toutes les circonstances extérieures devraient, ce semble, faire de lui un révolté. Phénomène drôlatique ou touchant, comme on voudra, — il n'y a pas plus conservateur que ce pauvre diable qui n'a rien du tout à conserver. Loin de maudire la société dont il est un des parias, il l'accepte telle qu'elle est, satisfait du rang infime qu'il y occupe. Si parfois lui échappe une timide protestation contre les injustices de l'ordre social, ce n'est point parce qu'il en souffre, mais parce qu'elles font souffrir ceux qu'il aime, et encore ce léger mouvement de révolte, il se le reproche aussitôt comme un crime. C'en est un, en effet, aux yeux de ce chrétien qui voit dans toutes les choses humaines l'accomplissement d'un décret providentiel. Pourquoi s'irriter de l'inégalité des conditions, puisque chacun tient de la volonté divine sa place ici-bas? « Celui-ci est destiné à porter les épaulettes de général, celui-là à servir comme conseiller titulaire; tel a pour lot le commandement, tel l'obéissance craintive et silencieuse. Cela est réglé suivant les capacités de l'homme; l'un est propre à une chose, l'autre à une autre, et les capacités sont données par Dieu lui-même. » Ainsi pense Makar Diévouchkine; il se représente le monde comme une immense administration où chacun est molesté par son supérieur et moleste son inférieur; autrement, remarque-t-il, il n'y aurait pas d'ordre. Cette résignation, cette passivité si étonnante pour nous autres Occidentaux, est un trait ethnique plus encore qu'une particularité individuelle ; par là Makar Diévouchkine se montre vraiment Russe, il est bien le congénère de ce paysan dont parle Golovine, qui, battu par son seigneur, disait : « Le Christ a souffert et nous a ordonné de souffrir. »

Les amateurs de beau langage n'ont certainement pas oublié le discours où M. Renan, célébrant les vertus égayantes de la langue française, invitait la malheureuse race slave à y chercher des consolations. Cette compassion part d'un bon naturel; d'un autre côté, il est grandement désirable, pour l'enrichissement de nos écrivains, que leurs livres, après avoir fait notre joie, aillent consoler à l'étranger le plus de gens possible. Toutefois il est permis de se demander si un peuple a besoin d'être consolé, quand il pense comme Makar Diévouchkine ou le moujik cité plus haut. En supposant même qu'il lui faille des consolations, c'est encore une question de savoir si, en effet, notre littérature peut les lui fournir. Elle est fort gaie, dit l'éloquent conférencier. Possible; mais si l'on songe qu'une plaisanterie du boulevard n'est pas toujours saisie au Marais, on a quelque lieu de douter que la gaieté soit un article d'exportation. En revanche, ce qui ne fait doute pour personne, c'est la supériorité de la langue française en tant que véhicule des idées révolutionnaires. Tous les peuples ne comprendront peut-être pas un numéro du *Tintamarre*, mais tous comprendront le *Contrat social*. Nous l'avons compris les premiers, et qu'en est-il advenu ? Des revendications continuelles dont l'absolue justice et l'absolue inutilité sont également incontestables, des espoirs toujours trompés et une irritation sans cesse grandissante à mesure que les déceptions se multiplient : voilà depuis cent ans notre histoire. Ce n'est pas très-gai, et s'il est vrai, ainsi qu'on le croit généralement, que notre littérature ait contribué pour beaucoup à amener cet état de choses, il est quelque peu audacieux de la proposer aux Russes comme un élément de gaieté. En homme borné qu'il est, Makar Diévouchkine se fait de la société une conception fort naïve à coup sûr, mais cette façon de voir lui procure, du moins, quelque tranquillité morale : la conception égalitaire dont nous sommes férus, outre qu'elle n'est peut-être pas beaucoup plus intelligente, a l'inconvénient de nous agiter sans relâche. Laissons donc le pauvre tchinovnik croire au droit divin des conseillers d'État actuels, etc.; ce n'est pas la peine de le désabuser, il n'en sera pas plus heureux.

En regard de son employé, l'auteur a placé une jeune fille, victime comme lui d'une fatalité malheureuse. Le caractère de Varvara Alexéievna est tracé avec beaucoup d'art ; mais, nonobstant le charme que Dostoïevsky a essayé de répandre sur ce personnage, Makar Alexéiévitch tire à lui tout l'intérêt du livre : dans le voisinage d'un saint, quel prestige peut conserver une simple fille d'Ève ?

Autour de ces deux figures principales gravitent plusieurs autres « pauvres gens »; ce sont des comparses dont il y a peu à dire; parmi eux pourtant se détache avec un relief particulier le bonhomme Pokrovsky, ce vieillard crapuleux que relève au milieu de son abjection sa maladive tendresse pour un fils dont il n'est pas le père. La rédemption de l'ivrogne par le sentiment de la famille est, d'ailleurs, une idée chère à Dostoïevsky et sur laquelle il reviendra plus d'une fois. Le Pokrovsky des *Pauvres Gens* contient déjà en germe le Marméladoff de *Crime et Châtiment* et le Snéguireff des *Frères Karamazoff*.

Nous venons de nommer les deux maîtresses œuvres de notre romancier. Pour atteindre ces cimes de son talent, le débutant de 1846 a encore bien du chemin à faire : il lui reste à acquérir les secrets de la terreur comme il a déjà trouvé ceux de la pitié; il faut qu'il apprenne à promener son lecteur, d'épouvantement en épouvantement, à travers le dédale savamment compliqué d'une vaste composition ; mais surtout il faut qu'il devienne à moitié fou ; ce sera l'affaire de quelques années passées dans un bagne sibérien. Pour le moment, nous n'avons pas encore « toute la lyre » ; du moins en a-t-on entendu vibrer avec une intensité incomparable la corde la plus humaine, quand on a lu la douloureuse correspondance de Makar Diévouchkine.

Je m'en voudrais de terminer cette préface sans adresser une parole de remercîment aux écrivains dont les précieux encouragements m'ont soutenu dans le cours de mes travaux. Ma traduction de *Crime et Châtiment*, entre autres, a reçu de la presse un accueil très-bienveillant. A l'exception de M. Philippe Gille, tous les critiques chargés de la bibliographie dans les grands journaux de Paris ont jugé à propos de signaler ce livre, et plusieurs avec éloge. Je dois une reconnaissance particulière à MM. Paul Ginisty, Paul Bourde, Valery Vernier et E. Lepelletier, lesquels n'ont pas attendu le retentissant article de M. E. M. de Vogüé pour appeler l'attention du public sur l'ouvrage de Dostoïevsky. On dira que je ressemble ici à l'âne chargé de reliques et prenant pour lui l'honneur rendu à l'idole. Soit! j'aime mieux m'exposer à ce ridicule qu'au reproche d'ingratitude.

Victor Derély.

LES PAUVRES GENS

> Oh! ces conteurs! Au lieu d'écrire quelque chose d'utile, d'agréable, de récréatif, ils mettent au jour tous les dessous de la vie!... Voilà, je leur défendrais d'écrire! Allons, à quoi ça ressemble-t-il? Vous lisez... involontairement vous devenez pensif, — et alors toutes sortes d'absurdités vous viennent à l'esprit; en vérité, je leur défendrais d'écrire, je le leur interdirais absolument.
>
> Prince V. F. Odoïevsky.

8 avril.

Mon inappréciable Varvara Alexéïevna!

Hier j'ai été heureux, excessivement heureux, on ne peut pas plus heureux! Une fois, du moins, dans votre vie, entêtée, vous m'avez écouté. Le soir, à huit heures, je m'éveille (vous savez, matotchka, que j'aime à dormir une couple d'heures quand je suis revenu du bureau), je m'étais procuré une bougie, j'apprête mon papier, je taille ma plume; soudain, par hasard, je lève les yeux, — vraiment, mon cœur s'est mis à sauter si fort! Ainsi, vous avez tout de même compris ce que je voulais, ce dont mon cœur avait envie! Je vois qu'à votre fenêtre un petit coin du rideau est relevé et accroché au pot de balsamine, exactement comme je vous l'avais insinué l'autre jour! J'ai même cru alors apercevoir votre visage à la fenêtre; il m'a semblé que vous aussi me regardiez de votre chambrette, que vous aussi pensiez à moi. Et qu'il a été vexant pour moi, ma chère, de n'avoir pas bien pu voir votre joli petit minois! Il fut un temps où nous aussi voyions clair, matotchka. Vieillesse n'est pas liesse, ma bonne amie! Maintenant je vois toujours trouble; pour peu que je travaille le soir, que je fasse quelques écritures, le lendemain matin j'ai les yeux rouges et larmoyants; devant les étrangers je suis même honteux de pleurer ainsi. Pourtant, en imagination, j'ai vu briller votre sourire, mon petit ange, votre bon, votre affable petit sourire, et dans mon cœur ç'a été tout à fait la même sensation que quand je vous ai embrassée, Varinka, — vous en souvenez-vous, mon petit ange? Savez-vous, chérie, il m'a même semblé que vous me menaciez du doigt! Est-ce vrai, espiègle? Ne manquez pas de me retracer tout cela en détail dans votre lettre.

Eh bien, mais comment trouvez-vous notre invention au sujet de votre rideau, Varinka ? Très-gentille, n'est-ce pas ? Que je me mette au travail, que je me couche, que je m'éveille, je sais que là vous aussi pensez à moi, que vous vous souvenez de moi, que vous-même êtes bien portante et gaie. Vous baissez le rideau, — cela signifie : « Adieu, Makar Alexéiévitch, il est temps de se coucher ! » Vous le relevez, — cela veut dire : « Bonjour, Makar Alexéiévitch ; comment avez-vous dormi ? » ou : « Comment va votre santé, Makar Alexéiévitch ? Quant à moi, grâce au Créateur, je vais bien et suis contente ! » Voyez-vous, mon âme, comme c'est bien imaginé ! On n'a même pas besoin de s'écrire ! Un truc ingénieux, pas vrai ? Et c'est moi qui ai eu cette petite idée ! Hein, quel homme je suis pour ces choses-là, Varvara Alexéievna !

Je vous apprends, matotchka, Varvara Alexéievna, que, contre mon attente, j'ai dormi convenablement cette nuit, ce dont je suis très-content ; en général, on ne dort pas bien dans un nouveau logement la première fois qu'on y couche; c'est la même chose et ce n'est pas la même chose! Ce matin, je me suis levé tout guilleret, tout joyeux! Quelle belle matinée aujourd'hui, matotchka! Chez nous on a ouvert une fenêtre; le soleil brille, les oiseaux gazouillent, l'air est embaumé des senteurs du printemps, et la nature entière se ranime; — eh bien, tout le reste ici correspondait à cela, tout était dans la note, printanier. J'ai même fait aujourd'hui des rêves assez agréables, qui tous avaient trait à vous, Varinka. Je vous ai comparée au petit oiseau du ciel, créé pour la joie des hommes et pour l'ornement de la nature. Je songeais aussi, Varinka, que nous autres hommes, qui vivons dans les soucis et l'agitation, nous devions envier le bonheur innocent et calme des oiseaux du ciel, — et toutes sortes d'idées dans ce genre-là; je veux dire que je faisais toujours de ces comparaisons lointaines. J'ai là un livre, Varinka, où se trouvent les mêmes pensées; tout cela y est développé très-longuement. C'est pour vous dire, matotchka, que les rêveries sont de diverses sortes. Maintenant nous sommes au printemps; eh bien, on a des idées agréables, fines, piquantes, et l'on fait des rêves tendres; tout est couleur de rose. Voilà ce que je voulais vous dire; du reste, j'ai pris tout cela dans le livre. L'auteur exprime le même souhait en vers, il écrit :

> Que ne suis-je oiseau, oiseau de proie! etc.

Il y a encore là d'autres pensées, mais laissons-les! Et vous, Varvara Alexéievna, où êtes-vous allée ce matin? Je n'étais pas encore parti pour mon bureau quand vous vous êtes envolée de votre chambre, tout à fait comme un petit oiseau du ciel; vous avez traversé la cour d'un air si gai! Avec quel plaisir je vous ai contemplée! Ah! Varinka, Varinka! ne vous abandonnez pas à la tristesse; les larmes ne remédient à rien; je sais cela, matotchka, je le sais par expérience. Maintenant vous êtes si tranquille, et puis votre santé s'est un peu améliorée. — Et votre Fédora? Ah! quelle brave femme c'est! Vous m'écrirez, Varinka, comment vous vivez toutes deux à présent et si vous êtes contentes sous tous les rapports. Fédora est un peu grondeuse; mais ne faites pas attention à cela, Varinka. Que Dieu lui pardonne! Elle est si bonne!

Je vous ai déjà écrit au sujet de notre Thé-

rèse, — c'est aussi une femme bonne et sûre.
Mais que j'étais déjà inquiet pour notre correspondance! Comment nos lettres nous seront-elles transmises? me demandais-je. Et voilà que Dieu a envoyé Thérèse pour notre bonheur. C'est une femme bonne, douce, silencieuse. Mais notre logeuse est vraiment sans pitié. Elle la fait travailler comme une esclave.

Dans quel trou je me suis fourré, Varvara Alexéievna! Voilà un logement! Autrefois, vous le savez vous-même, je vivais comme un ermite — au milieu du calme et du silence; une mouche ne pouvait pas voler chez moi sans qu'on l'entendît. Et ici un bruit, des cris, un tumulte! Mais vous ne savez pas encore comment tout cela est organisé ici. Figurez-vous, par exemple, un long corridor, très-obscur et très-malpropre. A droite de ce corridor, un mur plein; à gauche, une suite de portes, comme dans les hôtels garnis. Eh bien, ces portes sont celles des logements, lesquels se composent chacun d'une seule chambre, et dans cette pièce unique habitent jusqu'à deux et trois personnes. Ne cherchez pas d'ordre chez nous, c'est l'arche de Noé! Du reste, les locataires paraissent être de braves gens, des hommes cultivés, instruits. Parmi eux se trouve un employé (il a quelque part un service littéraire), c'est un érudit : il parle d'Homère, de Brambéous[1] et de divers écrivains, il parle de tout; — un homme intelligent! Il y a aussi deux officiers qui jouent tout le temps aux cartes. Il y a un enseigne de vaisseau, il y a un Anglais qui donne des leçons. Attendez, je vous amuserai, matotchka; dans ma prochaine lettre je les décrirai satiriquement, c'est-à-dire que je vous ferai le portrait individuel et détaillé de chacun d'eux. Notre logeuse, — une vieille femme très-petite et très-sale, — est toute la journée en pantoufles et en robe de chambre; toute la journée elle tarabuste Thérèse. Je demeure dans la cuisine, ou, pour mieux dire, voici comment je suis logé : ici, à côté de la cuisine, il y a une chambre (et chez nous, je dois vous le faire observer, la cuisine est propre, claire, fort belle), une petite pièce, un petit réduit si discret..... ou, pour m'exprimer avec plus de justesse encore, la cuisine, vaste et recevant le jour par trois fenêtres, est cou-

---

[1] Publiciste qui fut célèbre en Russie vers le milieu de notre siècle, et qui prit part avec le comte Sollohoub à la rédaction du journal *le Plaisant*.

pée transversalement par une cloison, ce qui
fait comme une nouvelle chambre, un logement
surnuméraire ; ce local est spacieux, confortable ; il a une fenêtre, — en un mot, il est très-commode. Eh bien, voilà mon gîte. Parce que
j'ai dit que je demeure dans la cuisine, n'allez
pas, matotchka, chercher sous mes paroles je
ne sais quel sens mystérieux. En effet, si vous
voulez, je loge bien dans cette pièce, derrière
la cloison, mais ce n'est rien ; j'ai là mon logis
particulier où je vis très-isolé, très-tranquille.
J'ai mis chez moi un lit, une table, une commode, deux chaises ; j'ai pendu un obraz[1] au
mur. Sans doute, il y a des logements plus
beaux, beaucoup plus beaux même peut-être ;
mais le principal, c'est la commodité ; j'ai
choisi celui-ci parce qu'il est commode, n'allez
pas croire que ce soit pour autre chose. Votre
fenêtre est en face, il n'y a entre nous qu'une
cour, et une petite cour, on vous aperçoit en
passant ; — pour un malheureux comme moi
ce logement n'en est que plus gai, outre qu'il
me fait réaliser une économie. Ici, chez nous,
la chambre la plus modeste, avec la table,

---

[1] Image pieuse.

revient à 35 roubles papier. Cela dépasse mes moyens! Mon loyer est de 7 roubles papier, la table me coûte 5 roubles argent, voilà 24 r. 50 kop., et auparavant je payais juste 30 roubles; en revanche je devais me refuser bien des choses; je ne buvais pas tous les jours du thé, tandis que maintenant je me trouve avoir de l'argent de reste pour le thé et le sucre. Savez-vous, ma chère, on aurait honte en quelque sorte de ne pas boire de thé; ici tous les locataires sont des gens à leur aise, voilà pourquoi l'on serait honteux. On en prend par respect humain, Varinka, pour le genre, pour le ton; personnellement je n'y tiens pas, je ne suis pas sur ma bouche. Comptez maintenant l'argent de poche, — il en faut toujours un peu, — ajoutez les frais de chaussure et de vêtement; combien restera-t-il? Voilà tout mon traitement dépensé. Je ne me plains pas, je suis satisfait de ce que je gagne. Mes honoraires sont suffisants. Depuis quelques années déjà, ils le sont; il y a aussi les gratifications. — Allons, adieu, mon petit ange. J'ai acheté un pot de balsamine et un pot de géranium, — pas cher. Mais vous aimez peut-être aussi le réséda? Eh bien, vous me le direz dans votre lettre; il y a aussi des résédas; mais savez-vous, écrivez-moi tout avec le plus de détails possible. Du reste, ne pensez rien et ne vous tourmentez pas l'esprit à mon sujet, matotchka, parce que j'ai loué une telle chambre. Non, c'est la commodité qui m'a séduit, je n'ai été déterminé que par cela. J'amasse, matotchka, je mets de l'argent de côté; j'ai un petit magot. Ne me considérez pas comme un pauvret qu'une mouche renverserait d'un coup d'aile. Non, matotchka, je ne suis pas un niais, et j'ai tout à fait le caractère qui sied à un homme d'une âme ferme et calme. Adieu, mon petit ange! J'ai rempli près de deux feuilles, et il est plus que temps d'aller au service. Je baise vos petits doigts, matotchka, et reste

Votre très-humble serviteur et fidèle ami,

Makar Diévouchkine.

P. S. — J'ai une prière à vous adresser: répondez-moi, mon petit ange, le plus longuement possible. Je vous envoie avec la présente, Varinka, une petite livre de bonbons; veuillez y faire honneur; mais, pour l'amour de Dieu, ne vous inquiétez pas de moi et ne soyez pas mécontente. Allons, adieu, matotchka.

8 avril.

Monsieur Makar Alexéiévitch !

Savez-vous que décidément nous finirons par nous brouiller ensemble? Je vous jure, bon Makar Alexéiévitch, qu'il m'est même pénible de recevoir vos cadeaux. Je sais ce qu'ils vous coûtent, je sais que, pour me les offrir, vous vous imposez les plus grands sacrifices, vous vous privez du nécessaire. Combien de fois vous ai-je dit que je n'ai besoin de rien, absolument de rien; que je ne suis pas en mesure de reconnaître même les bienfaits dont vous m'avez comblée jusqu'à présent! Et pourquoi m'envoyer ces pots? Allons, passe encore pour la balsamine; mais le géranium, pourquoi? Il suffit qu'on lâche un petit mot sans y faire attention, comme, par exemple, au sujet de ce géranium, et tout de suite vous achetez; cette plante a dû vous coûter cher, sans doute? Que ses fleurs sont jolies! Rouges et parsemées de petites croix. Où vous êtes-vous procuré un si beau géranium? Je l'ai placé au milieu de la croisée, à l'endroit le plus apparent; je poserai un escabeau sur le plancher, et sur l'escabeau je mettrai encore des fleurs; seulement, voilà, laissez-moi devenir riche! Fédora ne se sent pas de joie; nous sommes maintenant ici comme en paradis, — notre chambre est propre, claire! Eh bien, mais pourquoi des bonbons? Vraiment, j'ai deviné tout de suite, en lisant votre lettre, que vous n'étiez pas dans votre assiette: — le paradis, le printemps, les parfums qui volent dans l'air, les petits oiseaux qui gazouillent. Qu'est-ce que c'est que cela? me suis-je dit, n'y aurait-il pas aussi des vers? En vérité, il ne manque que des vers à votre lettre, Makar Alexéiévitch! Et les sensations tendres, et les rêves couleur de rose, — tout y est! Pour ce qui est du rideau, je n'y ai même pas pensé; il se sera sans doute accroché tout seul, quand j'ai déplacé les pots; voilà pour vous!

Ah! Makar Alexéiévitch! Vous avez beau dire, vous avez beau dresser votre budget de façon à me faire croire que toutes vos ressources sont exclusivement affectées à vos besoins, vous ne réussirez pas à me tromper. Il est évident que vous vous privez du nécessaire pour moi. Quelle idée avez-vous eue, par exemple, de prendre un pareil logement?

On vous dérange, on vous trouble; vous êtes à l'étroit, mal à l'aise. Vous aimez la solitude, et là que n'y a-t-il pas autour de vous? Et vous pourriez vous loger beaucoup mieux, étant donné votre traitement. Fédora dit qu'autrefois vous viviez infiniment mieux qu'à présent. Se peut-il que vous passiez ainsi toute votre vie dans l'isolement, dans les privations, sans joie, sans une cordiale parole d'ami, installé dans un coin chez des étrangers? Ah! bon ami, que je vous plains! Ménagez, du moins, votre santé, Makar Alexéiévitch! Vous dites que vos yeux s'affaiblissent; eh bien, n'écrivez plus à la lumière. Pourquoi écrire? Sans doute votre zèle pour le service est déjà assez connu de vos chefs sans cela.

Je vous en supplie encore une fois, ne dépensez pas tant d'argent pour moi. Je sais que vous m'aimez, mais vous non plus n'êtes pas riche... Aujourd'hui, moi aussi j'étais gaie en me levant. Je me sentais si heureuse; depuis longtemps déjà Fédora avait de l'ouvrage, et elle m'en a procuré. J'en ai été si contente, je ne suis sortie que pour aller acheter de la soie; ensuite je me suis mise à travailler. Pendant toute la matinée j'ai eu l'âme si légère, j'ai été si gaie ! Mais maintenant les idées noires sont revenues, la tristesse et l'inquiétude ont repris possession de mon cœur.

Ah ! que deviendrai-je ? quel sera mon sort ? Il est cruel pour moi de vivre dans une pareille incertitude, de n'avoir pas d'avenir, de ne pouvoir même rien conjecturer quant à ma destinée future. Et si je reporte mes regards en arrière, je suis épouvantée. Le seul souvenir de ce douloureux passé me déchire le cœur. Toujours je me plaindrai des méchantes gens qui m'ont perdue !

Le jour baisse. Je dois me remettre au travail. J'avais bien des choses à vous écrire, mais le temps me manque ; j'ai une besogne pressée, il faut que je me dépêche. Sans doute les lettres sont une bonne chose, cela rend la vie moins ennuyeuse. Mais est-ce que vous-même ne viendrez jamais chez nous ? Pourquoi cela, Makar Alexéiévitch ? A présent nous sommes voisins, et vous saurez bien trouver parfois un moment de libre. Venez, je vous prie. J'ai vu votre Thérèse. Elle a l'air bien malade ; elle m'a fait pitié ; je lui ai donné vingt kopeks. Oui ! J'allais l'oublier : ne manquez pas de me donner tous les détails possibles sur votre genre de vie. Quels sont les gens qui vous entourent? Vivez-vous en bonne intelligence avec eux? Je tiens beaucoup à savoir tout cela. Ne manquez pas de me l'écrire, vous entendez? Aujourd'hui je relèverai exprès le coin de mon rideau. Couchez-vous un peu plus tôt; hier j'ai vu de la lumière chez vous jusqu'à minuit. Allons, adieu. Aujourd'hui je suis anxieuse, ennuyée et chagrine. Apparemment il y a des jours comme cela! Adieu.

Votre
Varvara Dobroséloff.

8 avril.

Mademoiselle Varvara Alexéievna!

Oui, matotchka, oui, ma chère, évidemment j'étais aujourd'hui dans un jour de malheur! Oui, vous vous êtes moquée de moi, d'un vieillard, Varvara Alexéievna! Du reste, c'est ma faute, c'est moi qui ai tous les torts! A l'âge où je suis arrivé, quand je n'ai plus que quelques cheveux sur la tête, je n'aurais pas dû me lancer dans les amours et les équivoques... Et je le dis encore, matotchka : l'homme est quelquefois étonnant, fort étonnant. Et, saints du ciel ! quelles choses on est parfois entraîné à dire ! Mais à quoi cela aboutit-il ? qu'est-ce qui en résulte ? Cela n'aboutit absolument à rien, et il n'en résulte que des sottises, dont Dieu veuille me préserver ! Moi, matotchka, je ne suis pas fâché ; seulement c'est si vexant de se rappeler tout cela, je suis si contrarié de vous avoir écrit en termes si figurés et si bêtes ! Aujourd'hui j'étais si faraud, si fringant en allant au service, mon cœur était comme illuminé. Sans motif aucun il y avait une telle fête dans mon âme ; je me sentais joyeux ! Je me suis mis consciencieusement à ma besogne — mais qu'est-ce qui s'en est suivi ? Sitôt que j'ai eu jeté un regard autour de moi, les choses ont repris à mes yeux leur aspect accoutumé, — leur couleur grise et sombre. Toujours les mêmes taches d'encre, toujours les mêmes tables avec les mêmes papiers, et moi toujours le même aussi ! Tel j'étais, tel je me suis retrouvé ; — dès lors pourquoi avais-je enfourché Pégase ? Mais qu'est-ce qui a donné lieu à tout cela ? C'est que le soleil brillait et que le ciel était bleu ! Voilà la cause, n'est-ce pas? Et je vais parler d'aromates, quand dans notre cour, sous nos fenêtres, Dieu sait ce qui ne se rencontre pas! Pour sûr, c'est dans un coup de folie que tout cela m'est apparu de cette façon. Mais il arrive parfois à l'homme de s'abuser ainsi sur ses propres sensations et de battre la campagne. Cela ne vient pas d'autre chose que d'une chaleur de cœur exagérée, stupide. Je suis retourné chez moi, ou, pour mieux dire, je m'y suis traîné; il m'était venu soudain un mal de tête : sans doute une chose en amène une autre. (J'ai eu probablement un coup d'air.) Imbécile, je me réjouissais de l'arrivée du printemps, et j'étais sorti avec un manteau fort léger. Vous aussi, ma chère, vous vous êtes méprise sur mes sentiments! Trompée par leur ardeur, vous les avez interprétés tout de travers. C'est une affection paternelle qui inspirait mes paroles, rien que la plus pure affection paternelle, Varvara Alexéievna. Je tiens, en effet, la place d'un père auprès de vous, puisque vous avez le malheur d'être orpheline; je dis cela du fond de l'âme, dans la sincérité de mon cœur, en parent. Je sais bien qu'il n'y a entre nous qu'une parenté éloignée, et que, comme dit le proverbe, il s'en faut un

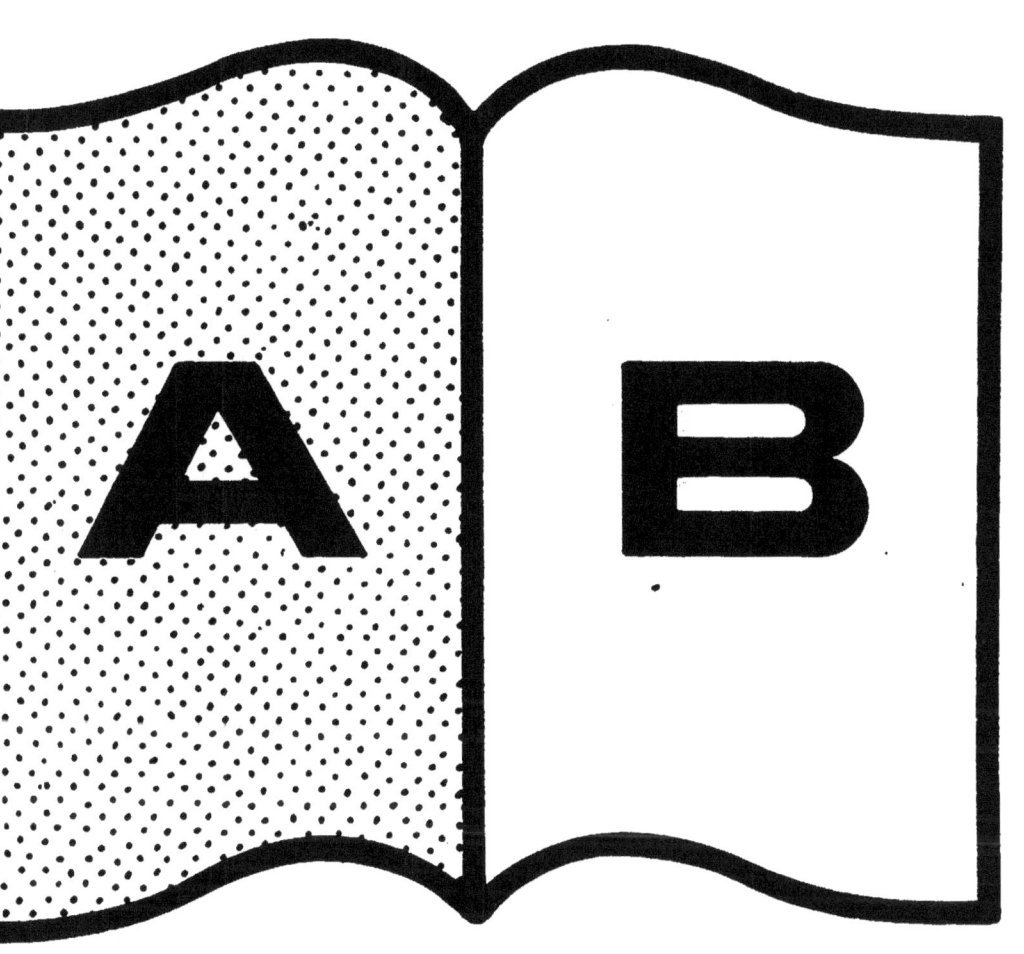

Contraste insuffisant

NF Z 43-120-14

cent de fagots que nous soyons de la même branche; mais n'importe, les liens du sang ne m'en attachent pas moins à vous, et maintenant je suis votre parent le plus proche, votre protecteur naturel, car là où vous étiez le plus en droit de chercher protection et défense, vous n'avez trouvé que trahison et injure. Quant aux vers, je vous dirai, matotchka, qu'à mon âge il est inconvenant de s'adonner à cet exercice. Les vers, c'est de la sottise! Dans les écoles même à présent on fouette les moutards qui en font... voilà ce que c'est que la versification, ma chère.

Que parlez-vous dans votre lettre, Varvara Alexéievna, de confort, de tranquillité, etc.? Je ne suis pas difficile ni exigeant, matotchka; jamais je n'ai vécu mieux qu'à présent; pourquoi donc m'aviserais-je sur le tard de faire le dégoûté? Je suis nourri, vêtu, chaussé; qu'ai-je besoin de rechercher des fantaisies?—Je ne suis pas le fils d'un comte!—Mon père n'appartenait pas à la noblesse, et, tout chargé de famille qu'il était, il ne gagnait pas ce que je gagne. Je ne suis pas un efféminé! Du reste, pour dire la vérité, tout était mieux dans mon ancien logement, il n'y a pas de comparaison; on y était plus à l'aise, matotchka. Sans doute mon local actuel est bien aussi, plus gai même à certains égards; si vous voulez, il offre plus de variété; je ne dis pas le contraire, mais je regrette tout de même l'ancien. Nous autres vieilles gens, nous nous attachons aux vieilles choses comme par l'effet d'une sympathie naturelle. Ce logement, vous savez, était fort petit; les murs étaient... — allons, pourquoi en parler? — les murs étaient comme tous les murs, il ne s'agit pas d'eux; mais voilà, tout souvenir de mon passé me rend chagrin... Chose étrange! cette impression est pénible, et pourtant il s'y mêle une sorte de douceur. Même ce qu'il y avait de mauvais, ce qui parfois m'irritait, cesse dans mes souvenirs d'être mauvais et s'offre à mon imagination sous un aspect attrayant. Nous vivions tranquillement, Varinka, moi et ma logeuse, une vieille femme aujourd'hui défunte. Tenez, maintenant je ne peux pas me rappeler ma vieille sans un sentiment de tristesse! C'était une brave femme, et elle ne prenait pas cher pour le loyer. Tout le temps elle tricotait des couvertures avec des aiguilles longues d'une archine; elle n'avait pas d'autre occupation. Nous nous éclairions, elle et moi, à frais communs, et nous travaillions à la même table. Chez elle demeurait sa petite-fille Macha. Je me la rappelle encore enfant; ce doit être à présent une fillette de treize ans. Elle était si gamine, si gaie, elle nous faisait toujours rire; eh bien, nous vivions ainsi à trois. Dans les longues soirées d'hiver nous nous asseyions autour de la table ronde, nous buvions une petite tasse de thé, et puis nous nous mettions à l'ouvrage. Pour que Macha ne s'ennuyât pas, et pour la faire rester tranquille, la vieille commençait à raconter des histoires. Et quelles histoires c'étaient! Non-seulement un enfant, mais même un homme sensé et intelligent pouvait les écouter avec intérêt. J'allumais ma pipe et je prêtais une telle attention à ces récits que j'en oubliais ma besogne. Et l'enfant, notre gamine, devenait pensive; elle appuyait sa joue rose sur sa petite menotte, elle ouvrait sa jolie petite bouche, et, si l'histoire était un peu effrayante, il fallait la voir se serrer contre la vieille! Pour nous c'était un plaisir de la regarder; et l'on ne s'apercevait pas que la bougie tirait à sa fin, on n'entendait pas l'ouragan mugir au dehors. — Nous menions une bonne vie, Varinka, et voilà comment nous avons passé ensemble près de vingt ans. — Mais pourquoi ce bavardage? Un tel sujet ne vous plaît peut-être pas, et moi-même ce n'est pas que ces souvenirs m'égayent, — surtout maintenant : la nuit vient. Thérèse tracasse dans la chambre, j'ai mal à la tête, j'ai aussi un peu mal au dos, et il semble que je souffre également par le fait de pensées si étranges; je suis mélancolique aujourd'hui, Varinka! — Qu'est-ce que vous m'écrivez donc, ma chère? Comment irais-je chez vous? Mon amie, que diront les gens? Il faut traverser la cour, les voisins s'en apercevront, ils se mettront à questionner, ils feront des commentaires, des cancans, le fait sera faussement interprété. Non, mon petit ange, j'aime mieux vous voir demain aux premières vêpres; ce sera plus sage et moins compromettant pour nous deux. Pardonnez-moi, matotchka, de vous écrire une pareille lettre; je vois en la relisant combien elle est incohérente. Je suis un vieillard sans instruction, Varinka; je n'ai pas fait d'études étant jeune, et maintenant rien ne m'entrerait dans l'esprit, si j'essayais de m'instruire. Je le reconnais, matotchka, je n'ai pas de talent descriptif, et je sais que si, sans critiquer ni railler personne, je veux écrire quelque chose d'un peu piquant, j'entasserai sottises sur sottises. — Je vous ai aperçue aujourd'hui à votre fenêtre, je vous ai vue baisser le store. Adieu, adieu; que le Seigneur vous conserve! Adieu, Varvara Alexéievna.

Votre ami désintéressé

MAKAR DIÉVOUCHKINE.

P. S. — Ma chère, maintenant je n'écrirai de satire sur personne. Je suis trop vieux, matotchka, Varvara Alexéievna, pour me livrer à un frivole persiflage. C'est de moi qu'on rirait; comme dit le proverbe russe : « Celui qui creuse une fosse pour autrui y tombe lui-même. »

9 avril.

MONSIEUR MAKAR ALEXÉIÉVITCH !

Eh bien, comment n'êtes-vous pas honteux, mon ami et bienfaiteur Makar Alexéiévitch, de vous affliger ainsi à propos de rien? Est-il possible que vous vous sentiez blessé? Ah! je suis souvent inconsidérée, mais je ne pensais pas que vous verriez dans mes paroles une raillerie maligne. Soyez sûr que jamais je ne me permettrai de plaisanter sur votre âge et sur votre caractère. Tout cela vient de mon étourderie et surtout de ce que je m'ennuie atrocement ; or, quand on s'ennuie, de quoi n'est-on pas capable? Mais je pensais que dans votre lettre vous-même aviez voulu rire. Je suis devenue fort triste quand j'ai vu que je vous avais fait de la peine. Non, mon bon ami et bienfaiteur, vous vous trompez si vous me soupçonnez d'insensibilité et d'ingratitude. Je sais apprécier dans mon cœur tout ce que vous avez fait pour moi en me protégeant contre les méchantes gens qui me persécutent et me haïssent. Je prierai éternellement pour vous, et, si ma prière arrive jusqu'à Dieu, si le ciel l'entend, vous serez heureux.

Je suis toute malade aujourd'hui. Je sens tour à tour une chaleur brûlante et un froid glacial. Fédora est fort inquiète à mon sujet. C'est bien à tort que vous n'osez pas venir chez nous, Makar Alexéiévitch. Qu'importent les autres? Nous nous connaissons, cela suffit !... Adieu, Makar Alexéiévitch. Je ne sais plus que vous écrire; d'ailleurs il me serait impossible de continuer : je suis très-souffrante. Je vous prie encore une fois de ne pas vous fâcher contre moi et de croire au respect et à l'attachement inaltérables

Avec lesquels j'ai l'honneur d'être

Votre très-dévouée et très-humble servante

Varvara Dobroséloff.

12 avril.

Mademoiselle Varvara Alexéievna !

Ah ! matotchka, qu'est-ce que vous avez ? Vous me causez continuellement des frayeurs ! Dans chacune de mes lettres je vous engage à vous ménager, à vous bien couvrir, à ne pas sortir par le mauvais temps ; vous ne devriez négliger aucune précaution, — et vous refusez de m'écouter, mon petit ange. Ah ! chérie, vous êtes vraiment comme un enfant ! Vous êtes faible, vous n'avez pas plus de force qu'un fétu de paille, je le sais. Le moindre vent qui souffle suffit pour vous rendre malade. Eh bien, il faut prendre garde, veiller sur votre santé, éviter les risques d'indisposition, et ne pas occasionner des inquiétudes à vos amis.

Vous témoignez le désir, matotchka, de connaître en détail mon genre de vie et le milieu qui m'entoure. Je m'empresse avec joie de vous satisfaire, mon amie. Je commencerai par le commencement, matotchka : il y aura plus d'ordre. D'abord, l'entrée de notre maison est propre, les escaliers sont très-passables, surtout celui de parade, qui est propre, clair, large, tout en fer de fonte et en acajou. Par contre, pour ce qui est de l'escalier de service, ne m'en parlez pas : il est en spirale, humide, boueux ; les marches sont délabrées, et les murs si gras que la main s'y colle quand on s'y appuie. Sur chaque palier vous trouvez des coffres, des chaises et des armoires en mauvais état, des chiffons épars, des fenêtres aux carreaux cassés ; il y a là des cuvettes et toutes sortes de saletés : de la boue, des balayures, des écailles d'œufs, des entrailles de poisson ; l'odeur est infecte... en un mot, c'est dégoûtant.

Je vous ai déjà décrit la disposition des chambres ; il n'y a pas à dire, elle est commode, c'est la vérité ; malheureusement on étouffe dans ces pièces. Ce n'est pas qu'à proprement parler il y pue, mais on y sent, si je puis m'exprimer ainsi, une fade odeur de moisi. Tout d'abord l'impression est désagréable, mais ce n'est rien ; restez seulement deux minutes chez nous, et cela se passera, sans même que vous vous en aperceviez, parce que vous-même sentirez mauvais ; l'odeur sera dans vos vêtements, sur vos mains, sur toute votre personne, — et vous y serez fait. Chez nous, les serins en meurent. Voilà déjà le cinquième qu'achète l'enseigne, — notre air leur est funeste, tout simplement. La cuisine est chez nous grande, large, claire. Dans la matinée, à la vérité, quand on frit du poisson ou qu'on rôtit de la viande, cette chambre est plus ou moins remplie de vapeur de charbon, et puis on jette de l'eau partout ; en revanche le soir c'est un paradis. Dans notre cuisine, il y a toujours du vieux linge pendu à des cordes, et comme mon logement n'est pas loin, ou plutôt, comme il est contigu à la cuisine, l'odeur du linge me gêne un peu ; mais ce n'est rien : on s'y habitue à la longue.

De grand matin, Varinka, commence chez nous un remue-ménage, on se lève, on va et l'on vient, on cogne ; — c'est le moment où chacun sort du lit pour aller où il a affaire, celui-ci au service, celui-là ailleurs ; au préalable tous prennent le thé. La logeuse n'ayant qu'un nombre très-insuffisant de samovars, le même sert à tour de rôle aux divers locataires, et si quelqu'un devance son tour, on lui lave aussitôt la tête. C'est ce qui m'est arrivé la première fois, et..... du reste, à quoi bon parler de cela? J'ai fait connaissance ici avec tout le monde, à commencer par l'enseigne. C'est un homme fort expansif; il m'a raconté toutes ses affaires, m'a parlé de son père, de sa mère, de sa sœur qui est mariée à un juge à Toula, et de la ville de Kronstadt. Il m'a promis de me protéger en toute circonstance et m'a incontinent invité à venir prendre le thé chez lui. Je l'ai trouvé dans une pièce où les locataires de la maison ont coutume de se réunir pour jouer aux cartes. On m'a servi le thé là, et ils ont voulu absolument que je jouasse avec eux à un jeu de hasard. Se moquaient-ils de moi ou non? je n'en sais rien; toujours est-il qu'eux-mêmes ont passé toute la nuit à jouer, et que la partie était déjà engagée quand je suis entré. De la craie, des cartes, une telle fumée dans toute la chambre que j'en avais mal aux yeux. Comme je ne me mettais pas à jouer, ils m'ont fait observer que je posais pour le philosophe. Ensuite plus personne ne m'a adressé la parole, ce dont, à dire vrai, j'ai été enchanté. Je n'irai plus chez eux désormais ; ce sont de forcenés joueurs, pas autre chose ! Tenez, l'employé qui a un service littéraire donne aussi des soirées, mais chez celui-là tout se passe très-bien, les réunions sont innocentes, convenables, de très-bon ton.

Eh bien, Varinka, je noterai encore en passant que notre logeuse est une femme dégoûtante et, de plus, une véritable sorcière. Vous avez vu Thérèse ? Eh bien, qu'est-ce que c'est, réellement ? Elle est maigre comme un poulet déplumé. Tout le service de la maison est fait par deux personnes : Thérèse et Faldoni, le domestique de la logeuse. Je ne sais pas, il a peut-être encore un autre nom, mais c'est à celui-là qu'il répond ; tout le monde l'appelle ainsi. Roux, borgne, camard, ce Faldoni est une espèce de brute : il est toujours à se chamailler, sinon à se battre avec Thérèse. Généralement parlant, ce n'est pas tout plaisir pour moi de demeurer ici... Que la nuit tous les locataires soient en même temps plongés dans le sommeil, — cela n'arrive jamais. Il y a toujours quelque part des gens en train de jouer aux cartes, et même parfois il se passe des choses qu'on n'oserait pas raconter. Maintenant je suis déjà un peu habitué, mais je ne comprends pas comment des gens mariés peuvent s'accommoder d'un pareil tapage. Toute une famille de pauvres diables occupe une chambre chez notre logeuse, seulement ce n'est pas une des pièces donnant sur le corridor; ils demeurent de l'autre côté, dans un coin, à l'écart. Ce sont des gens tranquilles. Jamais personne n'entend parler d'eux. Leur logement se réduit à une seule chambre dans laquelle ils ont mis une séparation. Le chef de la famille est un employé qui a perdu sa place; on l'a destitué il y a sept ans, je ne sais pourquoi. Il s'appelle Gorchkoff; c'est un petit homme aux cheveux blancs, vêtu d'un habit si crasseux, si râpé, que cela fait peine à voir; sa mise est encore pire que la mienne! Un être si faible, si minable (nous nous rencontrons parfois dans le couloir); ses genoux tremblent, ses mains tremblent, sa tête tremble; est-ce par l'effet de quelque maladie? Dieu le sait; il est timide, il a peur de tout le monde, il marche en s'effaçant; moi aussi je suis parfois timide, mais pas tant que cela. Sa famille se compose de sa femme et de trois enfants. L'aîné, un garçon, est tout le portrait de son père, dont il a aussi l'air souffreteux. La femme a dû être bien autrefois, elle a encore de beaux restes; la malheureuse porte des guenilles si misérables! A ce que j'ai entendu dire, ils doivent à la logeuse; elle n'est pas trop aimable avec eux. J'ai aussi entendu parler d'ennuis survenus à Gorchkoff et qui même auraient été cause de sa destitution..... A-t-il ou n'a-t-il pas un procès? Est-il ou non sous le coup d'une poursuite, d'une instruction judiciaire? Vraiment, je ne puis pas vous le dire. Mais quant à être pauvres, ces gens-là le sont, Seigneur, mon Dieu! Dans leur chambre règne toujours le plus grand silence; il y aurait pour croire qu'elle est inhabitée. Les enfants même ne font pas de bruit. Jamais on ne les entend jouer ou folâtrer, et c'est mauvais signe. Un soir, comme je passais par hasard devant leur porte, j'ai remarqué chez eux quelque chose d'insolite : au lieu du silence accoutumé, c'étaient des sanglots, puis des chuchotements suivis de nouveaux sanglots; il semblait qu'on pleurât, mais sans bruit, et cette douleur muette était si poignante que j'en eus le cœur percé; la pensée de ces pauvres gens ne me quitta pas de toute la nuit, et il me fut impossible de dormir comme à l'ordinaire.

Allons, adieu, ma petite amie, mon inappréciable Varinka ! Je vous ai tout décrit de mon mieux. Pendant toute cette journée je n'ai pensé qu'à vous. Je suis dans un tourment continuel à votre sujet, ma chère. Tenez, ma petite âme, je sais que vous n'avez pas de manteau fourré. Oh ! ces printemps pétersbourgeois, avec leurs vents et leurs petites pluies mêlées de neige, — c'est ma mort, Varinka ! Dieu me préserve de cette température salubre ! Soyez indulgente, douchetchka, pour ma façon d'écrire ; je n'ai pas de style, Varinka, je n'en ai pas du tout. J'écris les sottises qui me viennent à l'esprit, à seule fin de vous égayer un peu. Si j'avais reçu quelque instruction, ce serait autre chose ; mais quelles études ai-je faites ? Mon éducation n'a pas coûté gros, même en monnaie de cuivre.

Votre fidèle ami pour toujours,

MAKAR DIÉVOUCHKINE.

25 avril.

Monsieur Makar Alexéiévitch !

J'ai rencontré aujourd'hui ma cousine Sacha ! C'est terrible ! Elle aussi sera perdue, la pauvre ! J'ai aussi appris indirectement qu'Anna Fédorovna s'informe toujours de moi. Il paraît qu'elle ne cessera jamais de me persécuter. Elle dit qu'elle veut *me pardonner*, oublier tout le passé, et qu'elle viendra me voir certainement. Elle dit que vous n'êtes pas du tout mon parent, que la parenté est plus proche entre elle et moi, que vous n'avez nullement le droit de vous immiscer dans nos relations de famille, qu'il est honteux et inconvenant pour moi d'accepter vos aumônes et d'être entretenue par vous..... Elle dit que j'ai oublié son hospitalité, que sans elle ma mère et moi serions peut-être mortes de faim, qu'elle nous a donné le boire et le manger, que pendant plus de deux ans et demi nous lui avons coûté de l'argent, qu'elle nous a fait remise de notre dette. Elle n'épargne même pas ma mère ! Et si la

pauvre femme savait ce qu'ils ont fait de moi !
Dieu le sait !... Anna Fédorovna dit que j'ai
laissé échapper par ma bêtise l'occasion d'être
heureuse, qu'elle m'avait mise elle-même sur
le chemin du bonheur, qu'elle n'a rien d'autre
à se reprocher, et que moi-même je n'ai pas su
ni peut-être voulu défendre mon honneur. Et
à qui donc la faute ici, grand Dieu ! Elle dit
que M. Buikoff a parfaitement raison, et qu'on
ne peut pas épouser toute jeune fille qui.....
Mais pourquoi écrire cela? De pareils mensonges sont cruels à entendre, Makar Alexéiévitch ! Je ne sais ce que j'ai maintenant. Je
tremble, je pleure, je sanglote; j'ai mis deux
heures à vous écrire cette lettre. Je pensais que
du moins Anna Fédorovna reconnaîtrait ses
torts envers moi, et voilà comme elle parle à
présent ! — Pour l'amour de Dieu, ne vous
inquiétez pas, mon ami, mon unique protecteur ! Fédora exagère tout : je ne suis pas
malade. J'ai seulement pris un léger refroidissement hier, quand je suis allée à Volkovo
faire célébrer un service à l'intention de ma
mère. Pourquoi n'êtes-vous pas venu avec
moi ? — je vous l'avais demandé si instamment ! Ah ! pauvre, pauvre mère, si tu sortais

du tombeau, si tu savais, si tu voyais ce qu'ils ont fait de moi!...

V. D.

20 mai.

Ma chère Varinka !

Je vous envoie un peu de raisin, douchetchka ; c'est bon, dit-on, pour une convalescente, et le docteur le recommande pour apaiser la soif; ainsi c'est seulement pour la soif. L'autre jour, vous aviez envie de quelques roses ; eh bien, je vous les envoie maintenant. Avez-vous de l'appétit, matotchka ? — Cela, c'est le principal. Du reste, il faut remercier Dieu que tout soit passé, terminé, et que nos malheurs aient aussi pris fin. Rendons grâces au ciel! Quant aux livres, je n'ai pu encore m'en procurer nulle part. Il y a ici, dit-on, un bon livre, écrit dans un style très-élevé; on dit que c'est un bel ouvrage, moi-même je ne l'ai pas lu, mais ici l'on en fait un grand éloge. Je l'ai demandé pour moi; on doit me l'envoyer. Seulement lirez-vous cela? Vous êtes exigeante sous ce rapport; il est difficile de satisfaire votre goût, je vous connais, ma chère; il ne vous faut sans doute que de la poésie, des soupirs, des amours; — eh bien, je vous procurerai des vers, je vous procurerai tout; il y a là des poésies copiées sur un cahier.

Je vis bien, ne vous inquiétez pas de moi, je vous prie, matotchka. Tout ce que Fédora vous a débité sur mon compte est absurde. Vous lui direz qu'elle a menti, ne manquez pas de lui dire cela, à cette cancanière!... Je n'ai pas le moins du monde vendu mon uniforme neuf. D'ailleurs, pourquoi, jugez-en vous-même, pourquoi l'aurais-je vendu? Je vais, dit-on, toucher une gratification de quarante roubles argent, pourquoi dès lors me déferais-je de mes effets? Ne vous inquiétez pas, matotchka; — elle se fait des idées, Fédora, elle est soupçonneuse. Nous vivons à notre aise, ma chère ! seulement guérissez-vous, mon petit ange, pour l'amour de Dieu, guérissez-vous, ne désolez pas un vieillard. Qui est-ce qui vous a dit que j'avais maigri ? C'est une calomnie, encore une calomnie! Je me porte à merveille, et j'ai tellement engraissé que je commence à en être honteux; j'ai tout à discrétion, je suis gorgé: seulement, voilà, il faudrait que vous vous rétablissiez!

Allons, adieu, mon petit ange; je baise tous vos petits doigts et reste

Votre éternel, votre immuable ami

Makar Diévouchkine.

P. S. — Ah! au fait, douchenka, pourquoi revenez-vous encore là-dessus?... Quelle folie! Mais comment donc puis-je aller vous voir si souvent, matotchka? comment? Je vous le demande. A moins de profiter des ténèbres de la nuit; mais voilà, dans la saison où nous sommes, il n'y a pour ainsi dire pas de nuit. Sans doute, matotchka, mon petit ange, tant qu'a duré votre maladie, tant que vous avez été sans connaissance, je vous ai à peine quittée un instant; mais je ne sais pas moi-même comment je me suis arrangé pour cela; et après j'ai cessé mes visites, car la curiosité était éveillée, et l'on commençait à questionner. Il y a déjà bien assez de potins en circulation ici. Je compte sur Thérèse; elle n'est pas bavarde; mais n'importe, songez-y vous-même, matotchka, que serait-ce s'ils venaient à savoir toutes nos affaires? Que penseraient-ils et que diraient-ils alors? — Ainsi roidissez-vous contre votre petit cœur, matotchka, et patientez jusqu'à votre rétablissement; alors nous nous donnerons rendez-vous quelque part, hors de la maison.

1er juin.

Très-cher Makar Alexéiévitch !

Désirant vivement faire quelque chose qui vous soit agréable en retour de toute l'affection que vous me témoignez, de tous les soucis et de toutes les peines que vous vous donnez pour moi, j'ai enfin affronté l'ennui de fouiller dans ma commode et d'y chercher mon cahier que je vous envoie maintenant. Lorsque je l'ai commencé, j'étais encore dans l'heureux temps de ma vie. Maintes fois vous m'avez questionnée avec curiosité sur mon existence passée, sur ma mère, sur Pokrovsky, sur mon séjour chez Anna Fédorovna, enfin sur mes récentes infortunes, et vous avez manifesté un si vif désir de lire ce manuscrit où j'ai noté, Dieu sait pourquoi, quelques moments de ma vie, que je suis sûre de vous faire grand plaisir par mon envoi. Mais moi, en relisant cela, j'ai éprouvé une certaine tristesse. Je me figure avoir vieilli du double depuis que j'ai tracé la dernière ligne de ces mémoires. Tout cela a été écrit à différents intervalles. Adieu, Makar Alexéiévitch ! Je m'ennuie d'une façon terrible à présent, et je suis souvent tourmentée par l'insomnie. Que la convalescence est ennuyeuse !

V. D.

I

Je n'avais que quatorze ans lorsque mourut mon père. Mon enfance fut le meilleur temps de ma vie. Ce n'est pas ici qu'elle commença, mais loin de Pétersbourg, en province, dans un pays perdu. Mon père était l'intendant du vaste domaine que le prince P...sky possédait dans le gouvernement de T... Nous habitions un des villages appartenant au prince ; nous vivions là dans une heureuse et tranquille obscurité... J'étais une petite fille fort pétulante ; je ne faisais que vagabonder dans les champs, dans les bois, dans le jardin, et personne n'avait l'œil sur moi. Mon père était continuellement absorbé par les affaires, ma mère s'occupait du ménage; on ne m'apprenait rien, et j'en étais enchantée. De grand matin je courais soit à l'étang, soit au bois; j'allais me mêler aux faneurs ou aux moissonneurs; je m'enfuyais du village sans savoir où je portais mes pas, sans m'inquiéter des ardeurs du soleil, sans me soucier des buissons d'épines qui me déchiraient le visage et mettaient mes vêtements en lambeaux; — de retour à la maison, j'étais grondée, mais cela m'était égal.

Il me semble que j'aurais été fort heureuse si j'avais dû passer même toute ma vie dans cette campagne sans jamais en sortir. Mais, étant encore enfant, je fus forcée de quitter le lieu natal. Je n'avais que douze ans lorsque nous nous transférâmes à Pétersbourg. Ah! avec quelle tristesse je me rappelle nos affligeants préparatifs de départ! Comme je pleurai en disant adieu à tout ce qui m'était si cher! Je me souviens que je me jetai au cou de mon père et que je le suppliai avec larmes de rester encore quelque temps au village. Mon père se mit à m'invectiver, ma mère pleura; elle dit qu'il fallait partir, que nos affaires exigeaient cela. Le vieux prince P...sky était mort. Les héritiers du défunt avaient retiré à mon père son emploi. Il avait placé quelque argent à Pétersbourg dans des entreprises financières, et, espérant améliorer sa position de fortune, il crut devoir se transporter ici. Tout cela, je l'appris plus tard de la bouche de ma mère. Ici, nous nous fixâmes dans la Péterbourgskaïa storona, et, tant que vécut mon père, nous ne changeâmes point de domicile.

Qu'il m'est difficile de m'habituer à une vie nouvelle! Nous arrivâmes à Pétersbourg en automne. Quand nous avions quitté la campagne, la journée était si belle, si claire, si chaude! Les travaux des champs touchaient à leur fin; déjà se dressaient d'énormes meules de blé autour desquelles se rassemblaient des bandes d'oiseaux criards; tout respirait la gaieté la plus sereine. Et ici, à notre entrée dans la ville, nous trouvâmes le mauvais temps, la pluie, le malsain grésil d'automne, et une foule de visages nouveaux, inconnus, rébarbatifs, mécontents, irrités. Nous nous organisâmes tant bien que mal. Je me rappelle tout le tracas que nous donna notre emménagement. Mon père n'était jamais à la maison, ma mère n'avait pas une minute de repos, — on m'oubliait tout à fait. Combien fut triste mon réveil après la première nuit passée dans notre nouvelle demeure! Nos fenêtres donnaient sur un mur badigeonné en jaune. Dans la rue il y avait toujours de la boue. Les passants étaient rares, et tous étaient si soigneusement emmitouflés, tous avaient si froid...

Chez nous, les journées entières s'écoulaient dans une angoisse et un ennui terribles. En fait de parents et d'amis, nous ne voyions, pour ainsi dire, personne. Mon père était brouillé avec Anna Fédorovna (il lui devait quelque chose). Des gens venaient assez souvent chez nous pour affaires. D'ordinaire ils disputaient, criaient, tapageaient. Après chaque visite, mon père se montrait de fort mauvaise humeur; les sourcils froncés, il se promenait d'un coin à l'autre durant de longues heures sans proférer un mot. En pareil cas, ma mère n'osait pas lui adresser la parole et gardait le silence. Je m'asseyais quelque part dans un petit coin, et, les yeux fixés sur un livre, je restais là bien tranquille, craignant de faire le moindre mouvement.

Trois mois après notre arrivée à Pétersbourg, on me mit en pension. Dès l'abord il me fut très-pénible de me trouver parmi des étrangers. La maison avait dans son ensemble un aspect si sec, si peu avenant; les maîtresses étaient si grondeuses, les demoiselles si moqueuses, et moi si sauvage! Un règlement sévère et méticuleux! L'obligation de faire chaque chose à heure fixe, les repas en commun, les professeurs insipides, tout cela fut dès le premier moment un supplice pour moi. Je ne pouvais même pas dormir à la pension. Je pleurais toute la nuit, une nuit longue, froide, ennuyeuse. Durant la soirée, les élèves répétaient ou apprenaient leurs leçons; j'étudiais mes dialogues ou mon vocabulaire; je n'osais pas bouger, mais je pensais toujours à notre foyer domestique, à mon père, à ma mère, à ma vieille bonne et à ses histoires.... Ah! comme j'avais le cœur gros! La plus insignifiante chose de chez nous, je me la rappelais avec plaisir. « Qu'il ferait bon maintenant être à la maison, me disais-je sans cesse, assise dans notre petite chambre, devant le samovar, à côté de mes parents! J'aurais si chaud, je serais si bien dans ce milieu connu! Avec quelle tendresse j'embrasserais à présent ma mère! » A ces pensées, des larmes amères vous viennent aux yeux, vous pleurez sans bruit en étouffant vos sanglots, et vous ne songez plus au vocabulaire. Vous n'apprenez pas la leçon du lendemain ; toute la nuit vous rêvez du professeur, de madame, des demoiselles ; toute la nuit vous répétez vos leçons en songe, et le lendemain vous ne savez rien. On vous met à genoux, on vous supprime la moitié de votre dîner. J'étais si triste, si ennuyée! D'abord toutes les demoiselles se moquaient de moi, me taquinaient, me troublaient quand je récitais mes leçons, me pinçaient quand nous allions en rang au réfectoire ; à propos de rien elles se plaignaient de moi à la maîtresse. En revanche, quel paradis quand la niania venait me chercher le samedi soir ! Alors j'embrassais ma vieille bonne dans un transport d'allégresse. Elle m'habillait, me couvrait chaudement ; en chemin elle ne pouvait pas me suivre, et je ne cessais de bavarder avec elle, je lui racontais tout. J'arrivais gaie, joyeuse, à la maison ; j'embrassais mes parents comme je l'aurais fait après une séparation de dix années. Puis commençaient les causeries, les récits ; j'échangeais des bonjours avec tout le monde, je riais, je courais, je sautais. Avec mon père la conversation prenait un tour sérieux : elle roulait sur les sciences, sur nos professeurs, sur la langue française, sur la grammaire de Lhomond, — et nous étions tous si gais, si contents ! Maintenant encore j'aime à me rappeler ces moments. Je faisais tous mes efforts pour m'instruire et pour contenter mon père. Je voyais qu'il sacrifiait pour moi les derniers restes de son avoir, et que lui-même luttait en désespéré. De jour en jour il devenait plus sombre, plus chagrin, plus irascible; son caractère s'aigrissait; ses affaires allaient mal, il avait énormément de dettes. Ma mère n'osait même pas pleurer; elle ne soufflait pas mot, craignant de s'attirer une scène; sa santé s'altérait, elle maigrissait à vue d'œil et commençait à avoir une mauvaise toux. A présent, lorsque j'arrivais de la pension, je ne trouvais que des visages mornes; ma mère pleurait silencieusement, mon père se fâchait. C'étaient des reproches, des récriminations. Mon père disait que je ne lui procurais aucune joie, aucune consolation, qu'ils se privaient pour moi de leurs dernières ressources et que je ne savais pas encore parler le français; en un mot, il se vengeait sur ma mère et sur moi de tous ses malheurs, de tous ses déboires. Et comment était-il possible de tourmenter ma pauvre mère? Rien qu'à la voir, on avait le cœur navré; ses joues se creusaient, ses yeux lui rentraient dans la tête, son teint était celui des phthisiques. Plus que personne j'avais à souffrir des algarades de mon père. Le point de départ était toujours une niaiserie, mais ensuite Dieu sait où en venaient les choses! Souvent je ne comprenais même pas de quoi il s'agissait. Quel chapelet! Je ne savais pas parler le français, j'étais une grande sotte, la directrice de notre pension était une femme négligente, une imbécile; elle ne s'occupait pas de notre moralité ; mon père n'avait pas encore pu trouver d'emploi; la grammaire de Lhomond était une grammaire détestable, et celle de Zapolsky valait beaucoup mieux; on avait dépensé en pure perte de grosses sommes pour mon éducation ; évidemment je n'avais pas plus de cœur qu'une pierre ; — bref, je faisais, moi pauvre fille, tout ce que je pouvais, je m'évertuais à apprendre des dialogues, des mots, et tout retombait sur moi; j'étais le bouc émissaire! Non pourtant que mon père ne m'aimât point; loin de là! Il nous adorait, ma mère et moi. Mais tel était son caractère.

Sous l'influence des soucis, des chagrins, des déceptions, mon pauvre père devenait défiant, bilieux; il était souvent sur le point de s'abandonner au désespoir. Il commença à négliger sa santé, prit un refroidissement et mourut après une courte maladie. Un coup si subit, si inattendu, nous atterra; nous fûmes plusieurs jours sans pouvoir reprendre possession de nos esprits. L'état de prostration dans lequel ma mère était plongée me fit même craindre pour sa raison. Sitôt mon père mort, nous vîmes affluer chez nous les créanciers, sortant, pour ainsi dire, de dessous terre. Tout ce que nous avions, nous le leur abandonnâmes. Notre petite maison de la Péterbourgskaïa storona, que mon père avait achetée six mois après notre arrivée à Pétersbourg, fut vendue également. Pour le reste, je ne sais comment on arrangea les affaires, mais, quant à nous, nous demeurâmes sans toit, sans asile, sans pain. Ma mère souffrait d'un mal qui épuisait ses forces; nous ne pouvions pas gagner notre vie, nous ne possédions aucun moyen d'existence; notre perte était imminente. Je n'avais encore que quatorze ans à cette époque. Voilà qu'alors nous reçûmes la visite d'Anna Fédorovna. Elle dit toujours qu'elle est propriétaire et prétend être notre parente. C'est aussi ce que disait ma mère ; elle faisait seulement observer que cette parenté était fort éloignée. Du vivant de mon père, Anna Fédorovna n'était jamais venue nous voir. Elle arriva les larmes aux yeux, déclara qu'elle s'intéressait beaucoup à nous, s'apitoya sur la perte que nous avions faite et sur notre malheureuse situation, ajoutant que la faute en était à mon père lui-même : il n'avait pas vécu selon ses moyens, il avait trop embrassé, trop présumé de ses forces. Elle témoigna le désir de se lier plus intimement avec nous, et nous convia à l'oubli des anciennes discordes. Ma mère ayant répondu qu'elle n'avait jamais nourri aucun mauvais sentiment à son égard, Anna Fédorovna versa quelques larmes, emmena ma mère à l'église et fit célébrer un service pour le repos de l'âme du « chéri » (ainsi s'exprima-t-elle en parlant de mon père). A l'issue de la cérémonie, elle se réconcilia solennellement avec ma mère.

Après de longs préambules, après nous avoir dépeint sous les couleurs les plus vives le dénûment, la situation lamentable, désespérée, dans laquelle nous laissait la mort de mon père,

Anna Fédorovna nous invita à chercher un refuge chez elle. Tels furent les termes mêmes dont elle se servit. Ma mère remercia, mais fut longtemps à se décider. Toutefois, comme il n'y avait pas d'autre parti à prendre, elle finit par déclarer à Anna Fédorovna que nous acceptions son offre avec reconnaissance. J'ai encore très-présent le souvenir du jour où nous quittâmes la Péterbourgskaïa storona pour Vasilievsky ostroff. C'était par une claire matinée d'automne; il faisait un froid sec. Ma mère pleurait; j'étais profondément affligée; je sentais un déchirement dans ma poitrine ; une angoisse inexplicable oppressait mon âme.....
Ce fut un moment pénible . . . .
. . . .

II

Au commencement, avant de nous être habituées, ma mère et moi, à notre nouvelle demeure, nous nous y sentîmes toutes deux mal à l'aise : elle avait à nos yeux quelque chose d'étrange. Anna Fédorovna habitait, dans la sixième ligne, une maison qui lui appartenait. Il ne s'y trouvait que cinq chambres propres. Trois de ces pièces étaient occupées par Anna Fédorovna et par ma cousine Sacha, une enfant orpheline qu'elle avait recueillie chez elle. Nous étions installées dans la quatrième chambre, et enfin la dernière, située à côté de la nôtre, servait de logement à un pensionnaire d'Anna Fédorovna, un pauvre étudiant nommé Pokrovsky. Anna Fédorovna vivait fort bien, dans une opulence plus grande qu'on n'aurait pu le supposer; mais sa fortune était énigmatique, aussi bien que ses occupations. Toujours en mouvement, toujours affairée, elle sortait plusieurs fois par jour, soit à pied, soit en voiture; mais ce qu'elle faisait, ce dont elle s'occupait, il m'était impossible de le deviner. Ses relations étaient nombreuses et variées; elle recevait beaucoup de monde, et Dieu sait quelles sortes de gens! Ses visiteurs venaient toujours pour affaires et ne restaient qu'une minute. Ma mère ne manquait jamais de m'emmener dans notre chambre dès que la sonnette se faisait entendre. Cette manière d'agir irritait violemment Anna Fédorovna;

elle répétait sans cesse que nous étions trop fières, que tant de fierté ne convenait pas à notre position, que nous n'avions pas lieu d'être si fières, et ainsi de suite pendant des heures entières. Je ne comprenais pas alors ces reproches de fierté ; de même ce n'est que maintenant que j'ai découvert, ou du moins que je crois avoir deviné, pourquoi ma mère hésitait à aller demeurer chez Anna Fédorovna. Cette dernière était une méchante femme ; notre existence chez elle ne fut qu'un long supplice. Maintenant encore j'en suis à me demander pourquoi elle nous offrit l'hospitalité. Au début, elle nous témoigna quelques égards ; mais ensuite son caractère véritable se révéla en plein, quand elle se fut convaincue que nous étions absolument seules au monde et que nous n'avions pas où aller. Plus tard elle se montra fort aimable avec moi, d'une amabilité allant même jusqu'à la plus grossière flatterie ; mais, dans le principe, je n'eus pas moins à souffrir d'elle que ma mère. Nous étions continuellement en butte à ses reproches ; elle ne faisait que nous rappeler ses bienfaits. Elle nous présentait aux étrangers comme des parentes pauvres, une veuve et une orpheline sans ressources qu'elle hébergeait par bonté, par charité chrétienne. A table, elle suivait des yeux chaque morceau que nous prenions, et si nous ne mangions pas, c'était encore une histoire. « Vous ne trouvez pas cela bon? nous disait-elle. Ne soyez pas trop difficiles; le peu que j'ai, je vous l'offre cordialement; sans doute vous feriez meilleure chère chez vous. » A chaque instant elle se répandait en injures contre mon père : « Il voulait être mieux que les autres, et mal lui en avait pris; il avait réduit sa femme et sa fille à la mendicité, et, sans l'assistance d'une parente charitable, d'une âme chrétienne, compatissante, qui sait si elles ne seraient pas mortes de faim au milieu de la rue ? » Qu'est-ce qu'elle ne disait pas! En l'entendant, on se sentait moins blessé encore qu'écœuré. Ma mère ne cessait de pleurer; son état s'aggravait de jour en jour, elle dépérissait visiblement; malgré cela, elle et moi nous travaillions du matin au soir, nous nous procurions de l'ouvrage en ville, nous cousions, ce qui déplaisait fort à Anna Fédorovna; elle répétait à tout moment que sa maison n'était pas un magasin de modes. Cependant nous devions nous habiller, nous devions être en mesure de faire face aux dépenses imprévues ; force nous était donc d'avoir de l'argent à notre disposition. Nous en amassions à tout hasard ; nous espérions pouvoir, avec le temps, nous transférer ailleurs. Mais ma mère usait dans le travail le peu de santé qui lui restait : elle devenait chaque jour plus faible. La maladie, comme un ver, rongeait sa vie et la conduisait au tombeau. J'avais tout cela sous les yeux, je le voyais, je le sentais, et combien douloureusement !

Les jours se succédaient, et le lendemain ne différait pas de la veille. Nous vivions dans une retraite aussi profonde que si nous avions été à la campagne. Anna Fédorovna s'adoucissait peu à peu à mesure qu'elle acquérait un sentiment plus net de son omnipotence. Du reste, personne n'avait jamais pensé à la contrecarrer en rien. Un corridor séparait son appartement de notre chambre, et à côté de nous, comme on l'a vu plus haut, demeurait Pokrovsky. Il enseignait à Sacha le français, l'allemand, l'histoire, la géographie, — toutes les sciences, comme disait Anna Fédorovna, qui, en retour, donnait au jeune homme la table et le logement. Sacha était une fillette fort intelligente, quoique folâtre et gamine; elle avait alors treize ans. Anna Fédorovna fit observer à ma mère qu'il ne serait pas mauvais que je prisse aussi des leçons, puisque j'étais sortie de pension avant d'avoir terminé mes études. Ma mère y consentit très-volontiers; et, pendant toute une année, j'étudiai avec Sacha sous la direction de Pokrovsky.

Ce dernier était un jeune homme pauvre, très-pauvre; sa santé ne lui permettait pas de suivre régulièrement les cours de l'Université, et c'était seulement comme cela, par habitude, qu'on lui donnait chez nous le nom d'étudiant. Il vivait fort modestement, fort tranquillement; de notre chambre on n'entendait jamais aucun bruit dans la sienne. Pokrovsky se distinguait par la singularité de son extérieur; il était si gauche dans sa démarche et dans sa façon de saluer, si étrange dans son langage, qu'au commencement je ne pouvais le regarder sans rire. Sacha lui faisait toujours des niches, surtout pendant les leçons. De plus, il était d'un caractère irascible et s'emportait continuellement; la moindre niaiserie le mettait hors de lui, il nous admonestait vertement, se plaignait de nous et souvent, sans achever la leçon, se retirait, irrité, dans sa chambre. Chez lui, il passait des journées entières à lire. Il avait beaucoup de livres, et des livres de prix, des raretés. Il se faisait un peu d'argent, grâce à quelques élèves qu'il avait au dehors, et, sitôt qu'il se trouvait en fonds, il allait acheter des livres.

Avec le temps je le connus mieux, plus intimement. C'était un homme très-bon, très-digne, le meilleur de tous ceux qu'il m'avait encore été donné de rencontrer. Ma mère le tenait en grande estime. Plus tard il fut pour moi aussi le meilleur des amis, — bien entendu après ma mère.

Dans les premiers temps, toute grande fille que j'étais, je m'associais aux gamineries de Sacha : durant des heures entières, nous nous ingéniions à inventer des farces pour tourmenter Pokrovsky et le pousser à bout. Il entrait dans des fureurs comiques qui nous amusaient au plus haut point. (Je ne puis même me rappeler cela sans honte.) Un jour, nous l'irritâmes presque jusqu'à le faire pleurer, et je perçus distinctement ces mots proférés par lui à voix basse: « Méchants enfants ! » Je perdis soudain contenance, j'éprouvai un mélange de confusion, de douleur et de pitié ; rougissant jusqu'aux oreilles, ayant presque les larmes aux yeux, je le priai de se calmer et de ne pas s'offenser de nos stupides polissonneries; mais il ferma son livre, n'acheva pas la leçon et retourna à sa chambre. Toute la journée je fus bourrelée de remords. L'idée que nos cruautés d'enfants l'avaient presque fait pleurer était pour moi un supplice. Ainsi, nous attendions ses larmes. Ainsi, nous en avions soif; ainsi, nous avions pu pousser sa patience à bout; ainsi, nous l'avions forcé, lui malheureux, lui pauvre, à se rappeler sa cruelle destinée! Le chagrin et le repentir me tinrent éveillée toute la nuit. On dit que le repentir soulage l'âme; c'est le contraire. Il se mêlait, je ne sais comment, de l'amour-propre à ma douleur. Je ne voulais pas que Pokrovsky me considérât comme un enfant. J'avais déjà quinze ans alors.

A partir de ce jour, je mis mon imagination à la torture, combinant des milliers de plans pour modifier l'opinion de Pokrovsky sur mon compte. Mais j'étais parfois timide; dans le cas présent, je ne pus me résoudre à rien et me bornai à des rêves (Dieu sait quels ils étaient!).

Je cessai seulement de prendre part aux gamineries de Sacha; Pokrovsky ne se fâcha plus contre nous; mais ce n'était pas une satisfaction suffisante pour mon amour-propre.

Je dirai à présent quelques mots de l'homme le plus étrange, le plus curieux et le plus à plaindre que j'aie jamais eu l'occasion de rencontrer. Si je parle de lui maintenant, en cet endroit de mes mémoires, c'est parce que, jusqu'à cette même époque, j'avais à peine fait attention à lui, — mais tout ce qui touchait à Pokrovsky acquit soudain le plus grand intérêt pour moi.

Dans notre maison se montrait parfois un petit vieillard à cheveux blancs, sale, mal vêtu, gauche et gêné dans ses mouvements, bref, étrange au possible. A première vue, on pouvait penser qu'il se sentait honteux, qu'il était embarrassé de sa personne, tant il semblait faire d'efforts pour se rapetisser; ses allures et ses grimaces donnaient à croire qu'il n'avait pas toute sa raison. Arrivé chez nous, il s'arrêtait dans le vestibule, devant la porte vitrée, et n'osait pénétrer plus avant. Quelqu'un de nous venait-il à passer, — moi, Sacha, ou un domestique qu'il savait bien disposé à son égard, — aussitôt le visiteur l'appelait du geste, agitait les bras, se livrait à une pantomime variée ; quand on inclinait la tête, — signe convenu pour indiquer qu'il n'y avait pas d'étrangers à la maison et qu'il pouvait entrer si bon lui semblait, — alors seulement le vieillard ouvrait sans bruit la porte, souriait joyeusement, se frottait les mains de satisfaction, et, marchant sur la pointe des pieds, se rendait tout droit à la chambre de Pokrovsky. C'était son père.

Plus tard, j'appris en détail toute l'histoire de ce pauvre homme. Jadis il avait servi quelque part ; dépourvu de tous moyens, il occupait dans la bureaucratie l'emploi le plus infime, le plus insignifiant. Après la mort de sa première femme (la mère de l'étudiant Pokrovsky), il s'avisa de se remarier et convola avec une bourgeoise. Dès lors tout fut mis sens dessus dessous chez lui ; la nouvelle épouse ne laissa de repos à personne et tint la main haute à tout le monde. L'étudiant Pokrovsky n'était alors qu'un enfant de dix ans. Sa belle-mère le prit en haine. Mais le sort favorisa le petit Pokrovsky. Le propriétaire Buikoff, qui avait connu l'employé Pokrovsky et qui lui avait fait du bien autrefois, prit l'enfant sous sa protection et le plaça dans une école. Il s'intéressait à lui parce qu'il avait connu sa feue mère, laquelle, étant jeune fille, avait été comblée de bontés par Anna Fédorovna et mariée par elle à l'employé Pokrovsky. M. Buikoff, ami intime d'Anna Fédorovna, se montra généreux envers la protégée de cette dame, et, quand elle se maria, il lui constitua une dot de cinq mille roubles. Où passa cet argent? On l'ignore. Je tiens tout cela d'Anna Fédorovna. Pour ce qui est de l'étudiant Pokrovsky, il n'aimait pas à parler de ses affaires de famille. On dit que sa mère était fort belle, et je ne puis m'expliquer par quelle malechance elle épousa un homme si insignifiant... Elle mourut jeune encore, après quatre ans de mariage.

Au sortir de l'école, le jeune Pokrovsky entra au gymnase, puis à l'Université. M. Buikoff, qui venait très-souvent à Pétersbourg, continuait à le protéger. Par suite de sa mauvaise santé, Pokrovsky dut interrompre ses études universitaires. M. Buikoff lui fit faire la connaissance d'Anna Fédorovna, à qui il le présenta lui-même, et de la sorte le jeune homme fut pris pour sa nourriture, à la condition qu'il se chargerait de l'éducation de Sacha.

Très-malheureux dans son ménage, le vieux Pokrovsky cherchait une consolation dans le plus laid des vices et se trouvait presque toujours en état d'ivresse. Sa femme le battait, le reléguait à la cuisine ; elle l'habitua si bien aux coups et aux mauvais traitements qu'il finit par les subir sans se plaindre. Ce n'était pas encore un homme très-âgé, mais l'ivrognerie l'avait presque fait tomber en enfance. Le seul vestige de sentiments nobles qu'il eût conservé était son immense amour pour son fils. Le jeune Pokrovsky ressemblait, dit-on, comme deux gouttes d'eau à sa défunte mère. Celle-ci avait été une bonne épouse. Est-ce en souvenir d'elle que le crapuleux vieillard avait voué à son fils une telle adoration ? Il ne pouvait parler que de lui et l'allait voir régulièrement deux fois par semaine. Il n'osait pas venir plus souvent, car le jeune Pokrovsky ne pouvait souffrir les visites paternelles. Parmi tous ses défauts, le plus grave était sans contredit son irrévérence à l'égard de son père. Du reste, il faut dire que ce dernier était parfois l'être le plus insupportable du monde. D'abord, il était terriblement curieux ; en second lieu, quand son fils était occupé, il le dérangeait à chaque instant pour lui parler de niaiseries ou lui poser les questions les plus oiseuses; enfin il arrivait quelquefois ivre. Peu à peu le jeune homme fit perdre ces mauvaises habitudes à son père, qui en vint à l'écouter en tout comme un oracle et à ne plus oser ouvrir la bouche sans sa permission.

Le pauvre vieillard ne pouvait se rassasier de la vue de son Pétinka (c'est ainsi qu'il appelait son fils). Quand il venait chez lui en visite, il avait presque toujours l'air soucieux, craintif, probablement parce qu'il ne savait pas quel accueil il recevrait. D'ordinaire, il hésitait longtemps à entrer, et, si par hasard je me trouvais là, il me questionnait pendant vingt minutes : « Eh bien, comment va Pétinka? Il se porte bien? Quelle est, au juste, sa disposition d'esprit? N'a-t-il pas quelque occupation importante? Qu'est-ce qu'il fait, au juste? Il écrit ou il est absorbé dans quelque méditation? » Quand je lui avais donné toutes les assurances de nature à le tranquilliser, le vieillard se décidait enfin à entrer; tout doucement, avec mille précautions, il entre-bâillait la porte et commençait par passer sa tête dans l'ouverture. Si son fils, au lieu de se fâcher, lui adressait un léger salut, il pénétrait dans la chambre en assourdissant son pas, se débarrassait de son manteau et de son chapeau, lequel était toujours troué, bossué, privé de ses bords, et les accrochait à la penderie, ce qu'il faisait aussi sans bruit, à la muette; ensuite il allait discrètement s'asseoir quelque part, et, les yeux fixés sur son Pétinka, il épiait tous les mouvements du jeune homme pour deviner dans quelle disposition d'esprit il était. Le fils manifestait-il un peu de mauvaise humeur, aussitôt le père se levait et faisait ses excuses : « Je ne voulais rester qu'une minute, Pétinka. Je viens de faire une longue course, et, comme je passais par ici, je suis entré pour me reposer un instant. » Puis, sans ajouter un mot, il prenait docilement son manteau et son chapeau, ouvrait la porte avec les mêmes précautions qu'auparavant, et se retirait en s'efforçant de sourire pour cacher à son fils le chagrin qui remplissait son âme.

Mais quand l'étudiant faisait bon accueil à son père, celui-ci ne se sentait pas de joie. La satisfaction rayonnait sur son visage; elle perçait dans ses mouvements, dans ses gestes. Si son fils lui adressait la parole, le vieillard se soulevait à demi sur sa chaise, et répondait à voix basse, d'un ton servile, presque pieux, en employant autant que possible les expressions les plus choisies, c'est-à-dire les plus ridicules. Mais le don de l'éloquence lui avait été refusé: toujours il se troublait et s'intimidait au point de ne savoir où mettre ses mains ni que faire de sa personne, et, après avoir parlé, il mâchonnait longtemps encore à part soi, comme pour rectifier ce qu'il venait de dire. Par contre, lorsqu'il avait eu la chance de bien répondre, le vieillard se pavanait, rajustait son gilet, sa cravate, son frac; bref, il se donnait les airs d'un homme qui a conscience de son mérite personnel. En pareil cas, il poussait parfois l'assurance, l'audace, jusqu'à se lever tout doucement de sa chaise, s'approcher d'un rayon chargé de livres, et y prendre un volume quelconque qu'il se mettait à lire. Il faisait tout cela avec une affectation d'indifférence et de sang-froid, comme s'il pouvait toujours disposer ainsi des livres de son fils et que l'amabilité de ce dernier ne fût pas chose rare pour lui. Mais je fus témoin de la frayeur du pauvre homme, un jour que Pokrovsky le pria de ne pas toucher à ses livres. Il se troubla, et, dans sa précipitation, remit le livre sens dessus dessous, puis il le retourna et, par une autre inadvertance, le plaça la tranche en dehors; il souriait, rougissait et ne savait comment effacer son crime. Peu à peu, les conseils de Pokrovsky prévalurent contre les mauvais penchants du vieillard. Lorsque l'étudiant n'avait pas vu plus de trois fois de suite son père en état d'ivresse, à la première visite il lui donnait, en prenant congé de lui, soit vingt-cinq kopeks, soit un demi-rouble, ou même davantage. De temps à autre, il lui achetait des bottes, une cravate ou un gilet. Le vieil employé, vêtu de ses effets neufs, était fier comme un coq. Il venait quelquefois passer un moment chez nous. Il apportait à Sacha et à moi des pommes, des coqs en pain d'épice, et tout le temps il nous parlait de Pétinka. Il nous priait d'être bien attentives en classe, bien obéissantes; il disait que Pétinka était un bon fils, un fils exemplaire, et, de plus, un fils savant. En causant ainsi avec nous, il clignait l'œil gauche d'une façon si comique, il faisait des grimaces si amusantes, que nous ne pouvions réprimer notre folle envie de rire. Maman l'aimait beaucoup. Mais le vieillard détestait Anna Fédorovna, quoique, devant elle, il fût « plus tranquille que l'eau, plus bas que l'herbe ».

Je cessai bientôt de prendre des leçons avec Pokrovsky. Il continuait à voir en moi une enfant, une petite gamine comme Sacha. J'en étais très-vexée, car je ne négligeais rien pour faire oublier mon ancienne conduite; mais on ne le remarquait pas, et cela m'irritait de plus en plus. Je n'avais presque jamais parlé à Pokrovsky en dehors des classes; d'ailleurs, il m'était impossible de lui parler. Je rougissais, je perdais le fil, et ensuite j'allais pleurer de dépit dans un coin.

Je ne sais pas comment tout cela aurait fini sans une circonstance étrange qui facilita un rapprochement entre nous. Un soir, tandis que ma mère était chez Anna Fédorovna, je me glissai dans la chambre de Pokrovsky. Je savais qu'il était absent, et j'ignore, en vérité, comment l'idée me vint d'entrer chez lui. Jusqu'alors, je n'avais jamais mis le pied dans son logement, quoique nous demeurions porte à porte depuis plus d'un an déjà. Cette fois, mon cœur battait si fort, si fort, qu'il semblait vouloir s'élancer hors de ma poitrine. Je promenai autour de moi un regard plein de curiosité. La chambre de Pokrovsky était très-pauvrement meublée et assez en désordre. Aux murs étaient fixées cinq longues tablettes chargées de livres. Il y avait des papiers sur la table et sur les chaises. Des livres et des papiers! A mon esprit s'offrit une idée terrible qui, en même temps, me causa un véritable crève-cœur. Je me figurai que mon amitié, l'affection d'une âme aimante étaient peu de chose pour lui. Il était instruit, tandis que moi j'étais bête, je ne savais rien, je n'avais rien lu, pas un seul livre..... Je jetai alors un regard d'envie sur les longs rayons qui pliaient sous leur fardeau. Le chagrin, le dépit, une sorte de rage s'emparèrent de moi. Je me proposai, je résolus à l'instant même de lire les livres de Pokrovsky, de les lire tous jusqu'au dernier, et le plus tôt possible. Je ne sais pas, je pensais peut-être qu'en apprenant tout ce qu'il savait, je serais plus digne de son amitié. Je m'approchai vivement du premier rayon; sans réfléchir, sans hésiter, je saisis le premier volume qui me tomba sous la main, — un vieux livre couvert de poussière, — et rougissant, pâlissant, tremblante d'agitation et de crainte, je l'emportai chez moi avec l'intention de le lire la nuit, à la clarté de la veilleuse, lorsque ma mère serait endormie.

Mais quelle ne fut pas ma déconvenue, quand, rentrée dans notre logement, je m'aperçus, en ouvrant le livre, que c'était un vieux bouquin latin, à demi pourri et tout rongé aux vers! Je retournai aussitôt chez Pokrovsky. A peine m'étais-je mise en devoir de replacer le livre sur le rayon que j'entendis dans le corridor un bruit de pas se dirigeant vers la chambre. Il n'y avait pas de temps à perdre, je commençai à me dépêcher. Mais la rangée d'où j'avais tiré le maudit bouquin était si compacte que, ce volume ôté, tous les autres avaient d'eux-mêmes comblé le vide, ne laissant plus de place pour leur ancien compagnon. J'eus beau faire, je ne parvins pas à réintégrer le livre à l'endroit où je l'avais pris. Pourtant je m'épuisais en efforts. Le clou rouillé qui assujettissait la tablette et qui, paraît-il, n'attendait que ce moment-là pour se casser — se cassa. Le rayon fit bascule par un bout. Les livres se répandirent avec fracas sur le parquet. La porte s'ouvrit, et Pokrovsky entra dans la chambre.

Chose à noter, il ne pouvait souffrir qu'on se donnât chez lui des airs de maître. Malheur à qui touchait à ses livres! Jugez donc de ma frayeur quand je vis ces volumes de tous les formats, de toutes les dimensions, glisser en bas de la tablette et rouler sous la table, sous les chaises, par toute la chambre. Je voulus m'enfuir, mais il était trop tard. « C'est fini, pensai-je, fini! Je suis perdue, c'en est fait de moi! Je m'amuse à des polissonneries comme un enfant de dix ans; je suis une sotte fille, une grande imbécile! » Pokrovsky entra dans une colère terrible. « Eh bien, voilà! Il ne manquait plus que cela! vociféra-t-il. Eh bien, n'avez-vous pas honte de pareilles gamineries?... Vous ne vous tiendrez donc jamais tranquille? » Et lui-même s'empressa de ramasser les livres. Je me baissai pour l'aider dans cette occupation. « C'est inutile, c'est inutile! se mit-il à crier. Vous auriez mieux fait de ne pas venir où l'on ne vous demande pas. » Toutefois la soumission dont témoignait mon mouvement le calma un peu, et, adoucissant sa voix, il commença à me faire la leçon, comme l'y autorisait vis-à-vis de moi sa qualité d'ancien précepteur : « Allons, quand serez-vous plus posée? quand deviendrez-vous raisonnable? Regardez-vous, vous n'êtes plus un enfant, une petite fille, vous avez déjà quinze ans! » Là-dessus, sans doute pour s'assurer si en effet je n'étais plus une petite fille, il me regarda et rougit jusqu'aux oreilles. Je ne comprenais pas; debout en face de lui, je le considérais avec de grands yeux étonnés. Il se redressa, s'approcha de moi d'un air embarrassé et, en proie à une agitation extrême, se mit à balbutier quelques paroles incohérentes; il semblait s'excuser, peut-être, de n'avoir pas remarqué plus tôt que j'étais déjà une jeune fille. A la fin, je compris. Je ne me rappelle pas ce qui se produisit alors en moi; — troublée, interdite, je rougis encore plus que Pokrovsky, et, couvrant mon visage de mes mains, je m'élançai hors de la chambre.

Je ne savais que faire, où me cacher, tant j'étais honteuse. Déjà cela seul qu'il m'avait trouvée chez lui! Pendant trois jours il me fut impossible de supporter sa vue. Je rougissais jusqu'à avoir les larmes aux yeux. Des idées terribles, des idées ridicules s'agitaient dans ma tête. Une d'elles, la plus extravagante, était celle-ci : je voulais me rendre chez Pokrovsky, m'expliquer avec lui, tout lui avouer, tout lui raconter franchement et l'assurer que je n'avais pas agi comme une imbécile fillette, mais dans une bonne intention. J'étais parfaitement décidée à cette démarche; grâce à Dieu, le courage me manqua pour l'accomplir. Je m'imagine quelles sottises j'aurais faites! Maintenant encore je ne puis me rappeler tout cela sans confusion.

Peu après, ma mère tomba dangereusement malade. Depuis deux jours elle était alitée; depuis trois nuits elle avait la fièvre et le délire. Je l'avais déjà veillée toute une nuit; assise à son chevet, je lui présentais à boire et lui donnais les médicaments aux heures fixées. La seconde nuit je me trouvai à bout de forces. De temps à autre le sommeil me gagnait, mes paupières s'appesantissaient, la tête me tournait, et j'étais à chaque instant sur le point de succomber à la fatigue; mais les faibles gémissements de ma mère me réveillaient, je me secouais, je m'arrachais pour une minute à l'assoupissement, et ensuite, malgré moi, je m'endormais de nouveau. J'étais fort tourmentée. Je ne sais pas,—je ne puis pas me rappeler, — mais un songe terrible, une vision affreuse s'offrit à moi dans un de ces moments pénibles, où ma tête harassée subissait la lutte du sommeil et de la veille. Mon épouvante fut telle que je m'éveillai en sursaut. L'obscurité régnait autour de moi, la veilleuse allait s'éteindre, des raies de lumière tantôt éclairaient soudain toute la chambre, tantôt se jouaient vaguement sur le mur, tantôt disparaissaient tout à fait. J'eus peur. Une sorte d'effroi s'abattit sur moi ; mon imagination venait d'être agitée par un rêve effrayant ; l'angoisse me serrait le cœur... Je bondis de dessus ma chaise, et un cri poignant s'échappa malgré moi de mes lèvres. En ce moment la porte s'ouvrit, et Pokrovsky entra dans notre chambre.

Je me souviens seulement que je revins à moi dans ses bras. Il me déposa avec précaution sur un fauteuil, m'offrit un verre d'eau et m'accabla de questions. « Vous êtes malade, vous-même êtes fort malade », dit-il en me prenant par la main ; « vous avez la fièvre, vous vous tuez, vous ne ménagez pas votre santé ; calmez-vous, couchez-vous, dormez. Je vous éveillerai dans deux heures ; prenez un peu de repos... Couchez-vous donc, couchez-vous ! » poursuivit-il sans me laisser placer un mot. J'étais rendue, mes yeux se fermaient d'eux-mêmes. Je m'étendis dans le fauteuil, comptant bien ne faire qu'un somme d'une demi-heure, et je dormis jusqu'au matin. Pokrovsky ne m'éveilla qu'au moment où je devais donner le médicament à ma mère.

Le lendemain, m'étant un peu reposée dans la journée, je repris ma place au chevet de ma mère, fermement décidée, cette fois, à résister au sommeil. A onze heures, Pokrovsky frappa à la porte de notre chambre. J'allai ouvrir. « C'est ennuyeux pour vous de rester là toute seule », me dit-il; « voici un livre, prenez-le; vous vous ennuierez moins. » Je pris le livre. Je ne me rappelle pas ce que c'était; c'est tout au plus si alors j'y jetai un coup d'œil, et pourtant je ne dormis pas de la nuit. Une étrange agitation intérieure me tenait éveillée; je ne pouvais rester en place; plusieurs fois je quittai mon fauteuil et me mis à marcher dans la chambre. Une sorte de bien-être intime s'était répandu dans tout mon être. J'étais si contente d'avoir reçu de Pokrovsky une marque d'attention! J'étais fière de l'inquiétude et des soucis qu'il manifestait à mon sujet. Je restai toute la nuit pensive et rêveuse. Pokrovsky ne renouvela pas sa visite; je savais, d'ailleurs, qu'il ne reviendrait plus, et je pensais à la prochaine soirée.

Le lendemain soir, lorsque tout le monde était déjà couché dans la maison, Pokrovsky ouvrit sa porte, et, debout sur le seuil de sa chambre, engagea la conversation avec moi. Je ne me rappelle plus un seul mot de ce que nous nous dîmes alors; je me souviens seulement que j'étais troublée, interdite, que je m'en voulais de ma timidité et que j'attendais avec impatience la fin de l'entretien; pourtant je l'avais ardemment désiré, j'y avais songé toute la journée, j'avais préparé d'avance mes questions et mes réponses... De ce soir-là commencèrent nos premières relations d'amitié. Tant que dura la maladie de ma mère, nous passâmes chaque nuit quelques heures ensemble. Peu à peu je triomphai de ma timidité, quoique, après chacune de nos conversations, je restasse encore mécontente de moi. J'éprouvais, du reste, un plaisir secret, une satisfaction d'amour-propre, en voyant que je lui faisais oublier ses insupportables livres. Un jour, par hasard, en plaisantant, nous vînmes à parler de l'accident qui leur était arrivé. Ce fut un moment étrange; je poussai peut-être trop loin la franchise et la sincérité; sous l'empire d'une exaltation singulière j'avouai tout à Pokrovsky... je lui dis que je voulais m'instruire, apprendre quelque chose, que j'étais vexée de voir qu'on

me considérait comme une petite fille, un
enfant... Je répète que je me trouvais dans une
disposition d'esprit fort étrange; mon cœur
était amolli, j'avais les larmes aux yeux; je
ne cachai rien, je confessai tout, tout : mon
amitié pour lui, mon désir de l'aimer, de vivre
en union morale avec lui, de le consoler, de le
calmer. Il me regardait d'un air étrange, embarrassé, étonné, et ne me disait pas un mot. Je
ressentis tout à coup un cruel chagrin. Je pen-
sai qu'il ne me comprenait pas, que peut-être
il se moquait de moi. Je fondis soudain en
larmes, comme un enfant, j'éclatai en sanglots
sans pouvoir me contenir; on aurait dit que
j'avais une attaque de nerfs. Il me prit les mains,
les baisa, les pressa contre sa poitrine, me
prodigua des paroles de consolation; il était fort
ému. Je ne me rappelle pas ce qu'il me dit;
seulement je pleurais, je riais, je me remet-
tais à pleurer, je rougissais, la joie ne me permettait pas de proférer un mot. Du reste, malgré mon agitation, je remarquai que l'attitude
de Pokrovsky était toujours embarrassée et con-
trainte. Il semblait ne pouvoir revenir de la
surprise que lui causaient mon entraînement,
mon exaltation, cette amitié si subite, si ardente,

si passionnée. Tout d'abord cela ne lui parut peut-être que curieux ; plus tard son hésitation cessa ; il accepta mon attachement, mes paroles cordiales, mon intérêt, aussi franchement, aussi naïvement que je les lui offrais, et il y répondit par l'affection d'un ami sincère, d'un véritable frère. Je me sentais le cœur si réchauffé, si content !... Je ne dissimulais pas, je ne faisais mystère de rien ; il voyait tout cela, et de jour en jour s'attachait davantage à moi.

Et vraiment je ne me rappelle pas de quoi nous n'avons pas causé ensemble dans ces heures à la fois cruelles et douces de nos entrevues, la nuit, à la clarté tremblante de la lampe allumée devant l'icone, et en quelque sorte au chevet de ma pauvre mère malade... Nous disions tout ce qui nous venait à l'esprit, tout ce qui jaillissait de notre cœur, tout ce qui aspirait à s'échapper de nos lèvres, — et nous étions presque heureux... Oh ! c'était un temps triste et joyeux tout ensemble ; maintenant encore, je m'en souviens avec un mélange de joie et de tristesse. Les souvenirs, qu'ils soient agréables ou pénibles, font toujours souffrir ; telle est du moins l'impression que j'éprouve. Mais il y a aussi de la douceur dans cette souffrance, et quand le cœur est oppressé, malade, accablé de chagrin, les souvenirs le rafraîchissent et le raniment, comme après une journée brûlante la rosée d'une soirée humide rafraîchit et ranime la pauvre petite fleur que les ardeurs du soleil ont desséchée.

Ma mère entra en convalescence, mais je continuai à passer les nuits assise à côté de son lit. Pokrovsky me prêtait souvent des livres ; je les lus d'abord pour me tenir éveillée, puis ils m'intéressèrent davantage, et finalement je les dévorai avec avidité. Tout un monde jusqu'alors inconnu se découvrit soudain devant moi. Je fus comme inondée par un large torrent d'idées, d'impressions nouvelles. Et plus l'assaut de ces sensations fut rude, tumultueux, troublant, plus aussi elles me furent chères, plus elles secouèrent voluptueusement toute mon âme. Tout d'un coup, brusquement, elles se répandirent en masse dans mon cœur sans le laisser respirer. Un chaos étrange commença à agiter tout mon être. Mais cette violence morale ne put me détraquer complétement. J'étais trop rêveuse, c'est ce qui me sauva.

La guérison de ma mère mit fin à nos entrevues du soir et à nos longues conversations ;

parfois il nous était donné d'échanger quelques paroles, souvent vides et sans importance, mais il me plaisait d'attribuer à tout une signification, une valeur particulière, sous-entendue. Ma vie était pleine, j'étais heureuse, tranquillement, paisiblement heureuse. Ainsi se passèrent plusieurs semaines...

Sur ces entrefaites le vieux Pokrovsky vint nous voir. Il causa longtemps avec nous, se montra plus gai, plus animé, plus communicatif que de coutume ; il rit, il fit de l'esprit à sa manière, et à la fin nous eûmes l'explication de sa joie : c'était d'aujourd'hui en huit l'anniversaire de la naissance de Pétinka ; à cette occasion il ferait certainement visite à son fils ; il mettrait un gilet neuf, et sa femme avait promis de lui acheter des bottes neuves. En un mot, le vieillard était parfaitement heureux et babillait avec une loquacité intarissable.

L'anniversaire de la naissance de Pétinka ! Cette pensée ne me laissa de repos ni le jour ni la nuit. Je résolus de témoigner mon amitié à Pokrovsky et de lui faire un cadeau. Mais lequel ? A la fin, j'imaginai de lui offrir des livres. Je savais qu'il désirait avoir la collection complète des œuvres de Pouchkine, dernière édition : je décidai que j'achèterais un Pouchkine. Je possédais trente roubles, gagnés par mon travail. J'avais mis cette somme de côté pour m'acheter une robe neuve. J'envoyai tout de suite notre cuisinière, la vieille Matréna, s'informer de ce que coûtait un Pouchkine complet. Hélas ! le prix des onze volumes, en y ajoutant les frais de reliure, s'élevait au moins à soixante roubles. Où trouver de l'argent ? Je retournais la question sous toutes ses faces sans parvenir à la résoudre. Je ne voulais pas m'adresser à ma mère. Sans doute, elle me serait venue en aide, mais alors toute la maison aurait eu connaissance de notre cadeau. D'ailleurs, ce n'aurait plus été un cadeau, mais le payement d'une dette, la rémunération des soins que Pokrovsky avait donnés à mon éducation pendant toute une année. Je tenais à offrir mon présent seule, à l'insu de tout le monde. Quant aux leçons de mon ancien précepteur, je voulais lui en avoir toujours l'obligation et ne les reconnaître que par mon amitié. — Je trouvai enfin un moyen de sortir d'embarras.

Je savais que chez les bouquinistes de Gostinii Dvor on peut, en marchandant, avoir à moitié prix un livre souvent à peine défraîchi et presque tout neuf. Je résolus d'aller à Gostinii Dvor. Les circonstances me servirent à souhait : le lendemain, justement, on eut besoin de certaines choses chez nous et chez Anna Fédorovna. Ma mère était un peu souffrante, et Anna Fédorovna ne se souciait pas ce jour-là d'aller en courses; je fus donc chargée de faire toutes les commissions, et je partis avec Matréna.

Par bonheur, je trouvai très-vite un exemplaire de Pouchkine, fort élégamment relié. Je commençai à le marchander. D'abord on m'en demanda plus cher que dans les librairies; mais après que j'eus bien bataillé et plusieurs fois fait mine de m'en aller, le bouquiniste, devenu plus traitable, rabattit ses exigences à dix roubles argent. Que j'étais gaie en marchandant ainsi!... La pauvre Matréna ne comprenait pas ce que j'avais, ni pourquoi je m'avisais d'acheter tant de livres. Mais, hélas! toute ma fortune se réduisait à trente roubles papier, et le marchand ne voulait entendre parler d'aucune nouvelle concession. Je me mis à le supplier, et à force d'instances, de sollicitations, j'obtins un rabais, mais seulement de deux roubles cinquante kopeks; encore le bouquiniste jura-t-il que s'il m'accordait cette diminution, c'était uniquement pour l'amour de moi, parce que j'étais une si belle demoiselle, mais que pour tout autre il n'y consentirait jamais. Il me manquait deux roubles et demi ! Mon chagrin était tel que pour un peu j'aurais pleuré. Mais, grâce à la circonstance la plus inattendue, je parvins à me tirer d'affaire.

Non loin de moi, devant un autre étalage de livres, j'aperçus le vieux Pokrovsky. Autour de lui s'étaient groupés quatre ou cinq bouquinistes qui le harcelaient, l'ahurissaient à qui mieux mieux. Chacun d'eux lui faisait l'article, et qu'est-ce qu'ils ne lui offraient pas? qu'est-ce qu'il n'avait pas envie d'acheter? Au milieu de ces marchands, le pauvre homme avait l'air complétement hébété et ne savait que choisir parmi tout ce qu'on l'invitait à prendre. Je m'approchai de lui et lui demandai ce qu'il faisait là. Le vieillard fut enchanté de me rencontrer; il m'aimait à la folie, autant peut-être que son Pétinka. «Eh bien, vous voyez, je suis en train d'acheter des livres, Varvara Alexéievna, me répondit-il, j'achète des livres pour Pétinka. C'est bientôt son jour de naissance, et il aime les livres; alors, voilà, j'en achète pour lui...» Le vieillard s'exprimait toujours d'une façon ridicule, et de plus, en ce moment, il avait presque perdu la tête. Quelque livre qu'il marchandât, c'était toujours un rouble argent, deux roubles, trois roubles argent; les gros volumes, il n'en demandait même pas le prix; il les regardait seulement d'un œil d'envie, les feuilletait, les tournait et retournait dans ses mains, puis les remettait en place. « Non, non, c'est cher, dit-il à demi-voix, mais ici il y a peut-être quelque chose... » Et il commença à examiner diverses petites plaquettes, des chansonniers, des almanachs; tout cela était à vil prix. « Mais pourquoi voulez-vous acheter toutes ces gueuseries? lui demandai-je, ce ne sont que des pauvretés. » — « Ah! non, répondit-il, non, regardez seulement quels bons livres il y a ici; vous verrez qu'il y a de très, très-bons livres! » Et ces derniers mots furent prononcés d'un ton si dolent, si plaintif, que je crus qu'il allait pleurer de douleur parce que les bons livres coûtaient cher; je m'attendais à voir une petite larme couler de ses joues pâles sur son nez rouge. « Quelle somme avez-vous? » questionnai-je. — « Eh bien, voici — le pauvre homme me montra tout son argent, qu'il avait enveloppé dans un crasseux lambeau de journal — voici un poltinnik, un dvougrivennik, de la monnaie de cuivre pour vingt kopeks. » Je l'emmenai aussitôt près de mon bouquiniste. « Les onze volumes que voici coûtent en tout trente-deux roubles et demi; j'en ai trente; ajoutez deux roubles et demi pour parfaire le prix, nous achèterons tous ces livres et nous les donnerons à deux. » Fou de joie, le vieillard versa tout son argent sur la table, et le bouquiniste lui laissa emporter toute notre commune bibliothèque. Mon petit vieux fourra des volumes dans toutes ses poches, en prit plusieurs dans chaque main, en mit sous ses bras et, ainsi chargé, regagna sa demeure, après m'avoir juré que le lendemain il viendrait en catimini apporter tous les livres chez moi.

Le lendemain, le vieillard alla voir son fils, resta avec lui une petite heure, selon son habitude, puis passa chez nous et s'assit à côté de moi d'un air mystérieux qui avait quelque chose de très-comique. Souriant, se frottant les mains dans l'orgueilleuse satisfaction qu'il éprouvait d'être détenteur d'un secret, il commença par m'apprendre que tous les livres avaient été transportés chez nous sans éveiller l'attention de personne, et qu'ils se trouvaient dans un

5.

coin, à la cuisine, sous la garde de Matréna. Ensuite la conversation roula naturellement sur la fête prochaine; après quoi le vieillard agita longuement la question de savoir comment nous offririons le cadeau. Plus il approfondissait son sujet, mieux je remarquais qu'il avait par devers lui une idée dont il ne pouvait, dont il n'osait parler. J'attendais toujours sans rien dire. Peu à peu disparurent la joie secrète, la satisfaction intime que jusqu'alors j'avais lues aisément dans ses façons étranges, dans ses grimaces, dans le clignement de son œil gauche. D'instant en instant il devenait plus soucieux et plus inquiet ; à la fin il n'y put tenir.

« — Écoutez », commença-t-il timidement, à demi-voix ; — « écoutez, Varvara Alexéievna... Savez-vous une chose, Varvara Alexéievna?... »
— Le vieillard était terriblement embarrassé.
— « Voyez-vous, quand viendra le jour de sa naissance, prenez dix volumes et donnez-les-lui vous-même, c'est-à-dire de votre part, de votre côté; moi, je prendrai alors le onzième et je le lui donnerai aussi de ma part, c'est-à-dire en mon nom personnel. Comme cela, voyez-vous, vous pourrez faire un cadeau, et moi

aussi... nous aurons chacun quelque chose à donner. » Le trouble du vieillard ne lui permit pas de continuer. Je le regardai; il attendait mon arrêt avec anxiété. — « Mais pourquoi donc ne voulez-vous pas que nous fassions ce cadeau en commun, Zakhar Pétrovitch? » — « C'est pour que, Varvara Alexéievna, c'est que je... voyez-vous, je... » Confus, rougissant, mon interlocuteur ne put achever sa phrase.

« — Voyez-vous, Varvara Alexéievna, — finit-il par expliquer, — je me dérange par moments... je veux dire que je me dérange presque toujours... je suis sujet à de mauvaises habitudes... Vous savez, il fait quelquefois si froid dehors, et puis on est souvent triste, on a des ennuis, des chagrins; en sorte que parfois je me laisse aller, je me débauche et je bois avec excès. Cela déplaît fort à Pétroucha. Voyez-vous, Varvara Alexéievna, il se fâche, il me gronde et il me fait de la morale. Eh bien, voilà! Je voudrais maintenant lui prouver par mon cadeau que je me corrige et que je commence à me bien conduire, que j'ai économisé pour acheter un livre, économisé longtemps, car je n'ai, pour ainsi dire, jamais d'argent, sauf celui que Pétroucha me donne de temps à autre. Il sait cela. Par conséquent il verra comment j'emploie mon argent, et il reconnaîtra que je fais tout cela uniquement pour lui. »

Ces paroles me touchèrent profondément. Mes réflexions ne furent pas longues. Le vieillard me regardait avec inquiétude. « Eh bien, écoutez, Zakhar Pétrovitch, dis-je, vous les lui donnerez tous. » — « Comment, tous ? C'est-à-dire tous les livres ? » — « Oui, tous les livres. » — « Et comme venant de moi ? » — « Comme venant de vous. » — « De moi seul ? c'est-à-dire en mon nom ? » — « Eh bien, oui, en votre nom. » Je m'étais, je crois, expliquée très-clairement ; néanmoins le vieillard fut fort longtemps sans pouvoir me comprendre. « Eh bien, oui, observa-t-il après avoir réfléchi ; oui ! Ce sera très-bien, ce serait fort bien ; seulement vous, Varvara Alexéievna, comment donc allez-vous faire ? » — « Eh bien, mais je ne donnerai rien. » — « Comment ! s'écria le vieillard pris d'une sorte de frayeur ; ainsi vous ne donnerez rien à Pétinka, ainsi vous ne voulez pas lui faire de cadeau ? » Il était épouvanté ; en ce moment il semblait tout disposé à retirer sa proposition, pour que je pusse, moi aussi, donner quelque chose à son fils. C'était un brave homme, ce vieillard ! Je lui assurai que j'aurais été bien aise d'offrir quelque chose, mais que je ne voulais pas lui ôter son plaisir. — « Si votre fils est content, ajoutai-je, vous serez enchanté et moi aussi, car intérieurement, au fond du cœur, j'aurai la même impression que si, en réalité, j'avais fait aussi un cadeau. » Ces mots rendirent la sérénité au vieux Pokrovsky. Il resta encore deux heures chez nous; mais durant tout ce temps il ne put tenir en place : il se levait, circulait bruyamment dans la chambre, folâtrait avec Sacha, m'embrassait à la dérobée, me pinçait le bras, et faisait des grimaces derrière Anna Fédorovna. A la fin, celle-ci le mit à la porte. En un mot, le vieillard était ivre de joie, comme peut-être il ne l'avait encore jamais été.

Le jour de la fête de son fils, il arriva à onze heures précises, au sortir de la messe; outre un frac convenablement restauré pour la circonstance, il portait, en effet, un gilet neuf et des bottes neuves. Dans ses deux mains se trouvait le paquet de livres. Nous étions tous alors chez Anna Fédorovna, nous prenions le café dans la salle (c'était un dimanche). Le vieillard commença, je crois, par dire que Pouchkine était un très-bon poëte; puis, l'émotion lui ayant fait perdre le fil de son discours, il passa sans transition à un autre ordre d'idées : il fallait se bien conduire, et si l'homme ne se conduisait pas bien, c'est qu'il s'abandonnait au vice; les mauvais penchants causaient la perte et la ruine de l'homme; il cita même quelques exemples pour prouver les dangers de l'intempérance, et il termina en disant que depuis un certain temps il s'était complétement corrigé, et que maintenant il menait une conduite exemplaire; ce n'était pas d'hier que, reconnaissant la justesse des observations de son fils, il en avait pris bonne note dans son cœur; mais à présent il s'était mis, en fait, à pratiquer la tempérance, témoin ce cadeau, ces livres pour l'achat desquels il avait dû économiser pendant longtemps.

Je ne pus m'empêcher de pleurer et de rire en entendant le *speech* du pauvre vieillard; évidemment il savait mentir quand besoin était! Les livres furent transportés dans la chambre de Pokrovsky et placés sur un rayon. Le jeune homme devina tout de suite la vérité. On invita le vieillard à dîner. Ce jour-là nous fûmes tous très-gais. Après le dîner, on joua au gage touché, aux cartes; Sacha folichonnait comme un vrai lutin, et, sous ce rapport, je pouvais rivaliser avec elle. Pokrovsky, plein d'attentions pour moi, cherchait toujours l'occasion de me parler en particulier, mais je me dérobais à ses empressements. Ce fut ma meilleure journée durant une période de quatre ans.

A partir de ce moment je n'ai plus que des souvenirs tristes, pénibles; je vais maintenant aborder le récit de mes jours sombres. Voilà pourquoi, peut-être, ma plume commence à se mouvoir plus lentement et semble vouloir se refuser à la tâche qu'il lui reste à accomplir. Voilà pourquoi, peut-être, je me suis tant complu à rappeler les moindres détails de mon petit train de vie dans mes jours heureux. Ces jours ont duré si peu! Après eux est venu le malheur, un malheur noir qui finira, Dieu seul sait quand!

Mes infortunes commencèrent par la maladie et la mort de Pokrovsky.

Il tomba malade deux mois après les incidents que je viens de raconter. Durant ces deux mois, il se remua énormément pour trouver des moyens d'existence, car jusqu'alors il n'avait pas de position fixe. Comme tous les poitrinaires, il conserva jusqu'à son dernier moment l'espoir d'une longue vie. Une place de précepteur s'offrit à lui, mais il n'avait que du dégoût pour ce métier. Occuper un emploi public, sa santé ne le lui permettait pas; d'ailleurs, il aurait fallu rester longtemps surnuméraire. Bref, Pokrovsky voyait toutes ses tentatives échouer; son caractère s'aigrit. Sa santé s'altéra; il n'y prit pas garde. Arriva l'automne. Mal protégé contre le froid par son petit manteau, il sortait chaque jour pour faire des démarches, solliciter une place quelque part, — ce qui, au fond, lui était très-pénible; il se mouillait les pieds, la pluie le perçait jusqu'aux os; finalement il s'alita pour ne plus se relever. Il mourut vers le milieu de l'automne, à la fin du mois d'octobre.

Tant que dura sa maladie, je restai, pour ainsi dire, à demeure dans sa chambre. Je lui servais de garde-malade, et je passais souvent des nuits entières à le veiller. Il avait rarement sa connaissance; le délire était son état habituel; il parlait Dieu sait de quoi : de la place qu'il sollicitait, de ses livres, de moi, de son père... J'appris ainsi, en ce qui le concernait, beaucoup de choses que j'ignorais complètement et dont je ne me serais même jamais doutée. Dans les premiers temps de sa maladie, tout le monde à la maison me regardait d'un air quelque peu étrange; Anna Fédorovna hochait la tête. Mais loin de paraître honteuse parce que je m'intéressais à Pokrovsky, je ne baissai les yeux devant personne, et l'on cessa de me blâmer, — du moins ma mère.

Parfois Pokrovsky me reconnaissait, mais c'était rare. Il était presque toujours sans connaissance. Parfois, durant des nuits entières, il parlait à un interlocuteur imaginaire, lui adressait de longs discours conçus en termes vagues et obscurs; dans son étroite chambre, sa voix rauque résonnait sourdement, comme dans un cercueil; j'avais peur alors. La dernière nuit surtout, il fut pris d'une sorte de frénésie; il souffrait atrocement et était en proie à une anxiété cruelle; ses gémissements me déchiraient l'âme. Chez nous, tout le monde était épouvanté. Anna Fédorovna ne cessait de prier pour que Dieu le rappelât à lui au plus tôt. On envoya chercher un médecin. Le docteur déclara que le malade mourrait certainement dans la matinée.

Le vieux Pokrovsky passa toute la nuit dans

le corridor, tout près de la porte de son fils; on étendit là une petite natte pour lui. A chaque instant il entrait dans la chambre; son aspect était effrayant. Il était tellement tué par le chagrin, qu'il semblait avoir perdu tout sentiment, toute idée. Transi de crainte, il branlait machinalement la tête, tremblait de tout son corps et sans cesse dialoguait à voix basse avec lui-même. Je croyais que la douleur allait le rendre fou.

Un peu avant le jour, le vieillard, vaincu par la souffrance morale, s'endormit sur sa natte; c'était le sommeil d'un homme tué. Entre sept et huit heures commença l'agonie du fils; je réveillai le père. Pokrovsky, en pleine possession de sa connaissance, nous dit adieu à tous. Chose étonnante, je ne pouvais pas pleurer, quoique mon âme fût comme brisée en morceaux.

Mais, plus que tout le reste, les derniers moments du malade furent poignants et douloureux pour moi. Remuant sa langue avec effort, il demandait continuellement quelque chose, sans que je pusse découvrir le moindre sens dans ses paroles. J'avais le cœur navré. Pendant une heure entière il fut agité, tourmenté par un désir qu'il cherchait en vain à exprimer; il s'efforçait de faire un signe avec ses mains déjà glacées, puis il recommençait à supplier d'une voix plaintive, rauque, sourde; mais sa bouche ne proférait que des sons incohérents, et il m'était encore impossible d'y rien comprendre. Je lui amenai tous les nôtres, je lui donnai à boire; toujours il secouait tristement la tête. A la fin je compris ce qu'il voulait. Il demandait qu'on relevât le rideau de la fenêtre et qu'on ouvrît les volets. Assurément il avait envie de voir une dernière fois le jour, la lumière de Dieu, le soleil. Je satisfis son désir, mais la journée qui commençait était triste et lugubre comme la pauvre vie défaillante du moribond. Il n'y avait pas de soleil. Le ciel, pluvieux, couvert de nuages, présentait un aspect maussade. Une pluie fine, qui s'écrasait sur les vitres, les inondait d'une eau froide et sale. Il faisait un temps sombre, brouillé. Les rayons d'un jour pâle pénétraient faiblement dans la chambre; à peine s'ils éclipsaient la lumière tremblante de la lampe allumée devant l'icone. Le mourant jeta sur moi un regard plein de tristesse et hocha la tête. Un instant après il expira.

Anna Fédorovna elle-même s'occupa des

obsèques. Elle acheta une bière toute simple et loua un charretier avec son tombereau. Pour se couvrir de ses dépenses, Anna Fédorovna prit tous les livres et toutes les hardes du défunt. Le vieillard se querella avec elle; il fit grand tapage et lui arracha autant de livres qu'il put; il en remplit ses poches, son chapeau, il en mit partout; il les porta sur lui pendant ces trois jours et ne voulut même pas s'en séparer quand le moment vint d'aller à l'église. Durant tout ce temps il fut comme hébété, sans mémoire; il tournait sans relâche autour du cercueil d'un air affairé, cherchant à se rendre utile; tantôt il arrangeait les couronnes placées sur le corps, tantôt il allumait ou changeait les cierges. On voyait que ses idées ne pouvaient se fixer sur rien avec suite. Ni ma mère, ni Anna Fédorovna n'allèrent à l'église pour l'absoute. Ma mère était malade; Anna Fédorovna s'était disputée avec le vieillard et ne voulait plus se mêler de rien. J'allai seule avec lui. Pendant la cérémonie, je fus prise d'une peur vague, comme un pressentiment d'avenir; je pouvais à peine me tenir sur mes jambes. Enfin l'on cloua le cercueil, on le chargea sur la charrette et on l'emmena. Le charretier fit prendre le trot à son cheval. Le vieillard courait derrière et sanglotait bruyamment. Ses sanglots étaient haletants, coupés de hoquets par l'essoufflement de la course. Le pauvre homme perdit son chapeau et ne s'arrêta pas pour le ramasser. La pluie ruisselait sur sa tête; un vent froid s'éleva, la pluie se changea en givre qui piquait le visage. Le vieillard semblait ne pas s'apercevoir de cet affreux temps; il courait toujours en sanglotant d'un côté de la charrette à l'autre. Les pans de sa redingote usée battaient au vent comme de grandes ailes; de toutes ses poches des livres tombaient; il avait dans les mains un gros volume et l'étreignait contre lui de toute sa force. Les passants se découvraient et se signaient. Quelques-uns se retournaient et regardaient avec étonnement ce vieillard. A chaque instant il perdait des livres qui roulaient dans la boue. On l'arrêtait pour les lui montrer; il les ramassait et courait de plus belle pour rattraper la bière. Au coin de la rue, une vieille mendiante se mit à accompagner le convoi avec lui. La charrette disparut au tournant, et je les perdis de vue. Je revins à la maison. En proie à une anxiété terrible, je me jetai sur le sein de ma mère, je la pressai dans mes bras de toutes mes forces, je la couvris de baisers en sanglotant ; serrée contre sa poitrine, je m'efforçais en quelque sorte de retenir dans mes embrassements et de disputer à la mort le dernier être qui m'aimât... Mais déjà la mort planait au-dessus de ma pauvre mère.

. . . .

11 juin.

Que je vous suis reconnaissante pour la promenade d'hier aux îles, Makar Alexéiévitch ! Qu'il fait bon et frais là ! que la verdure y est belle ! Depuis si longtemps je n'avais pas vu de verdure ; — pendant ma maladie il me semblait toujours que j'étais condamnée et que je mourrais certainement ; — jugez donc ce que j'ai dû éprouver hier, quelles ont dû être mes sensations ! — Ne soyez pas fâché contre moi parce que j'ai été si triste hier ; j'étais très-heureuse, très-aise, mais dans mes meilleurs moments je suis toujours triste. Les larmes que j'ai versées ne signifient rien ; je ne sais pas moi-même pourquoi je pleure toujours. J'ai une sensibilité morbide, irritable ; mes impressions sont maladives. Le ciel pâle, sans nuages, le coucher du soleil, le calme du soir, — tout cela, — je ne sais pas, — mais hier j'étais dans une disposition telle, que toutes les impressions m'affectaient péniblement, me faisaient souffrir ; mon cœur a fini par déborder, mon âme a eu besoin des larmes. Mais à quoi bon vous écrire tout cela ? Ce sont des choses qu'on s'explique déjà difficilement à soi-même et qu'il est plus difficile encore d'expliquer à autrui. Mais peut-être que vous me comprendrez tout de même. J'étais à la fois triste et gaie ! Que vous êtes bon, vraiment, Makar Alexéiévitch ! Hier, comme vous teniez vos yeux fixés sur les miens pour y lire ce que je sentais, et comme vous jouissiez de mon extase ! Qu'il s'agit d'un arbuste, d'une allée ou d'une pièce d'eau, — vous étiez là, debout devant moi, dans l'attitude d'un galant cavalier, et vous ne cessiez de me regarder dans les yeux ; on aurait dit que vous me faisiez les honneurs de vos domaines. Cela prouve que vous avez bon cœur, Makar Alexéiévitch. Pour cela déjà je vous aime. Allons, adieu. Aujourd'hui je suis encore malade ; hier j'ai eu les pieds mouillés, ce qui m'a occasionné un rhume ; Fédora est souffrante aussi, en sorte que pour le moment nous

sommes toutes deux mal en point. Ne m'oubliez pas, venez me voir un peu plus souvent.
Votre
V. D.

12 juin.

Ma chère Varvara Alexéievna !

Je croyais lire, matotchka, toute une pièce de vers sur notre promenade, et vous n'avez rempli qu'un simple petit feuillet. Je veux dire que si votre lettre est courte, en revanche, elle décrit les choses extraordinairement bien et avec beaucoup d'agrément. La nature, les tableaux champêtres, et tout le reste sur le sentiment; en un mot, vous avez très-bien dépeint tout cela. Moi, voilà, je n'ai pas ce talent. J'aurais beau noircir dix pages, je n'arriverais à rien, je ne saurais pas faire de description. J'ai déjà essayé. — Vous m'écrivez, ma chère, que je suis un homme bon, doux, incapable de nuire au prochain et comprenant la bonté divine manifestée dans la nature; enfin, vous me donnez divers éloges. Tout cela est vrai, matotchka, tout cela est parfaitement vrai; je suis, en effet, tel que vous le dites, et je le sais moi-même; mais quand on lit ce que vous écrivez, le cœur s'émeut involontairement, et puis on se fait des réflexions pénibles. Voilà, écoutez-moi, matotchka, je vais vous raconter quelque chose, ma chère.

Je commencerai par vous dire, matotchka, que j'avais dix-sept ans quand je suis entré au service, et que voilà bientôt trente ans que je sers. Allons, il faut en convenir, j'ai usé pas mal d'uniformes; j'ai atteint l'âge viril, j'ai acquis de l'intelligence, j'ai vu les hommes; j'ai vécu, je puis dire que j'ai vécu dans le monde, si bien qu'on a même voulu une fois me porter pour la croix. Vous ne me croirez peut-être pas, mais c'est la vérité, je ne vous mens pas. Pourquoi donc, matotchka, suis-je en butte aux attaques de méchantes gens? Je vous dirai, ma chère, que tout ignare et tout bête que je suis, j'ai cependant un cœur comme un autre. Eh bien, savez-vous, Varinka, ce que m'a fait un méchant homme? Mais c'est une honte de dire ce qu'il a fait; demandez-moi plutôt pourquoi il l'a fait. Tout simplement parce que je suis humble, parce que je suis doux, parce que je suis bon! Mon caractère ne

6

leur allait pas ; voilà pourquoi ils sont tombés sur moi. D'abord on a commencé par dire : « Vous êtes ceci et cela, Makar Alexéiévitch »; puis ç'a été : « C'est du Makar Alexéiévitch, faut pas le demander. » Et maintenant on dit : « Pour sûr, c'est Makar Alexéiévitch. » Voyez-vous, matotchka, comme cela s'est fait ; Makar Alexéiévitch est mis à toutes sauces ; grâce à eux, Makar Alexéiévitch est passé en proverbe dans toute notre division. Et non contents d'avoir fait de mon nom un proverbe, presque un terme d'injure, ils en sont venus à critiquer mes bottes, mon uniforme, mes cheveux, ma figure : rien n'est à leur goût, il faut tout changer ! Et tout cela se répète chaque jour depuis un temps immémorial ! Je m'y suis habitué, parce que je m'habitue à tout, parce que je suis un homme doux, parce que je suis un petit homme; mais cependant pourquoi tout cela ? Quel mal ai-je fait à qui que ce soit ? Ai-je volé le tchin de quelqu'un ? Ai-je desservi un collègue auprès des chefs ? Me suis-je fait donner indûment une gratification ? Ai-je monté quelque cabale ? Mais ce serait péché de le supposer seulement une minute, matotchka ! Alors pourquoi tout cela ? Mais examinez seulement, ma chère, si j'ai les facultés voulues pour être un intrigant et un ambitieux ! Comment donc, Dieu me pardonne ! tous ces malheurs m'accablent-ils ? Voyons, vous trouvez que je suis un homme digne, et vous valez infiniment mieux qu'eux tous, matotchka. Quelle est la plus grande vertu civique ? L'autre jour, dans une conversation privée, Evstafii Ivanovitch a dit que la principale vertu civique, c'est de savoir gagner de l'argent. Il a dit cela pour rire (je sais que c'était pour rire); mais ce que nous ordonne la morale, c'est de n'être à charge à personne, et je ne suis à charge à personne ! Mon morceau de pain m'appartient. A la vérité, c'est un simple morceau de pain, qui même est dur parfois; mais il a été acquis par le travail, je le possède légitimement, et nul ne peut me le reprocher. Alors, que faire ? Je ne me dissimule pas que ma besogne de copiste n'est pas très-relevée, mais j'en suis fier tout de même : je travaille, je répands ma sueur. Et qu'importe, en effet, que je fasse des copies ? Est-ce que c'est un crime ? « Il copie », dit-on. Mais qu'y a-t-il donc là de si déshonorant ? J'ai une écriture fort belle, très-lisible ; elle est agréable à voir, et Son Excellence en est satisfaite ; je copie pour elle les papiers les plus importants. Allons, je n'ai pas de style, je sais moi-même que ce maudit style me fait défaut; c'est ce qui m'a arrêté dans ma carrière, et c'est aussi pour cela qu'en ce moment même, ma chère, je vous écris à la bonne franquette, sans prétention, comme les idées me viennent... Je sais tout cela, mais pourtant, si tout le monde était écrivain, qui est-ce qui serait copiste? Voilà la question que je pose, et je vous prie d'y répondre, matotchka. Eh bien, je sens maintenant que l'on a besoin de moi, que je suis nécessaire, et que ces sottes taquineries n'ont aucune raison d'être. Allons, soit, mettons que je suis un rat, puisqu'ils ont trouvé cette comparaison! Mais ce rat est nécessaire, mais ce rat a son utilité, mais on tient à ce rat, mais ce rat va recevoir une gratification, voilà quel rat c'est! Du reste, assez là-dessus, ma chère ; je ne voulais même pas parler de cela, mais je me suis laissé entraîner. Après tout, de temps en temps on aime à se rendre justice. Adieu, ma chère, mon amie, ma bonne consolatrice! Je passerai chez vous, je n'y manquerai pas; j'irai vous voir, ma petite belette. Et en attendant, ne vous ennuyez pas.

Je vous apporterai un livre. Allons, adieu,
Varinka.

Votre sincèrement affectionné

Makar Diévouchkine.

20 juin.

Monsieur Makar Alexéiévitch !

Je vous écris à la hâte, je suis pressée, je
termine un travail après lequel on attend. Voici
de quoi il s'agit : une occasion se présente de
faire un marché avantageux. Fédora dit que
chez une de ses connaissances il y a à vendre
un uniforme tout neuf, un pantalon, un gilet
et une casquette : le tout serait laissé à très-
bon compte, dit-on ; eh bien, vous devriez
acheter cela. A présent, vous n'êtes pas à court,
vous avez de l'argent ; vous dites vous-même
que vous en avez. Je vous en prie, ne regardez
pas à la dépense ; vous avez besoin de tout
cela. Jetez donc les yeux sur votre personne,
voyez quel vieil uniforme vous portez. C'est
une honte ! Il est tout rapiécé. Vous n'avez plus
le neuf, je le sais, quoique vous m'assuriez le
contraire. Dieu sait où il a passé. Ainsi écoutez-

moi, achetez ces effets, je vous prie. Faites-le pour moi ; si vous m'aimez, vous les achèterez.

Vous m'avez envoyé du linge en cadeau ; mais écoutez, Makar Alexéiévitch, vous vous ruinez. Est-ce une plaisanterie ? Combien d'argent vous avez dépensé pour moi ! Ah ! quel dissipateur vous êtes ! Je n'en ai pas besoin, tout cela était parfaitement inutile. Je sais, je suis sûre que vous m'aimez ; vraiment, il est superflu de me témoigner votre amitié par des cadeaux, et il m'est pénible de les recevoir de vous ; je sais ce qu'ils vous coûtent. Une fois pour toutes, en voilà assez ; entendez-vous ? C'est une prière, une supplication que je vous adresse. Vous me priez, Makar Alexéiévitch, de vous envoyer la suite de mes mémoires, vous désirez que je les achève. Je ne sais même pas comment j'ai pu écrire ce que j'ai écrit. Mais je n'aurais pas la force de parler maintenant de mon passé ; je ne veux même pas y penser ; ces souvenirs m'épouvantent. Parler de ma pauvre mère qui a laissé son pauvre enfant en proie à ces monstres, voilà pour moi le plus pénible. Ce souvenir seul me fait saigner le cœur. Tout cela est encore si frais ! Je n'ai pas encore pu, je ne dirai pas me calmer, mais seulement reprendre mes esprits, quoique plus d'un an se soit déjà écoulé depuis lors. Mais vous savez tout.

Je vous ai parlé des idées qu'a maintenant Anna Fédorovna ; elle m'accuse d'ingratitude et se défend d'avoir été en aucune façon complice de M. Buikoff! Elle m'invite à retourner chez elle, elle prétend que je demande l'aumône, que je suis entrée dans une mauvaise voie. Si je reviens chez elle, elle se charge, dit-elle, d'arranger toute l'affaire avec M. Buikoff et de lui faire réparer tous ses torts envers moi. Elle dit que M. Buikoff veut me donner une dot. Que Dieu les assiste! Je me trouve bien ici avec vous, près de ma bonne Fédora, dont l'attachement me rappelle celui de ma feue niania. Quoique vous ne soyez que mon parent éloigné, vous me protégez cependant par votre nom. Mais eux, je ne les connais pas ; je les oublierai si je le puis. Qu'est-ce qu'ils veulent encore de moi ? Fédora traite tout cela de commérages et dit qu'ils finiront par me laisser tranquille. Dieu le veuille !

V. D.

21 juin.

MA CHÉRIE, MATOTCHKA !

Je veux vous écrire, et je ne sais par où commencer. Voyez comme c'est étrange, matotchka, la façon dont nous vivons maintenant, vous et moi ! Je veux dire que je n'ai jamais passé mes jours dans une telle joie ; on dirait que le Seigneur m'a donné un foyer et une famille ! Vous êtes mon petit enfant, ma charmante ! Mais pourquoi parlez-vous des quatre chemises que je vous ai envoyées? Voyons, vous en aviez besoin, — je l'ai su par Fédora. Et vous rendre service, matotchka, est pour moi un bonheur particulier ; c'est mon plaisir, laissez-le-moi, matotchka, ne vous y opposez pas. Il ne m'était jamais arrivé rien de pareil, matotchka. Voilà qu'à présent je suis lancé dans le monde. D'abord, je vis doublement, puisque vous vivez aussi très-près de moi et pour ma consolation ; ensuite, j'ai reçu une invitation à aller prendre le thé aujourd'hui chez un locataire, mon voisin, Ratazaïeff, ce même employé qui donne des soirées littéraires. Il y a réunion aujourd'hui ; nous lirons de la littérature. Voilà comme nous sommes maintenant, matotchka, voilà! Allons, adieu. J'ai écrit tout cela sans aucun but visible, et uniquement pour vous informer de mon bonheur. Vous m'avez fait dire par Thérèse, douchenka, que vous avez besoin, pour broder, d'un peu de soie de couleur ; je vous en achèterai, matotchka, vous en aurez ; je vous achèterai de la soie. Demain j'aurai le plaisir de vous satisfaire pleinement. Je sais où acheter cela. Et maintenant je reste

Votre ami sincère

MAKAR DIÉVOUCHKINE.

22 juin.

MADEMOISELLE VARVARA ALEXÉIEVNA !

Je vous apprends, ma chère, qu'il est arrivé dans notre maison un événement lamentable, vraiment digne de compassion ! Aujourd'hui, entre quatre et cinq heures du matin, est mort le petit garçon de Gorchkoff. Je ne sais seulement pas ce qu'il a eu. Est-ce la fièvre scarlatine ? le Seigneur le sait ! J'ai fait visite à ces Gorchkoff. Eh bien, matotchka, il y a de la misère chez eux! Et quel désordre! Mais ce n'est pas étonnant : toute la famille demeure dans la même chambre; pour la décence, on a seulement fait une séparation avec des paravents. La bière est déjà chez eux, — une petite bière très-simple, mais assez jolie; ils l'ont achetée toute faite, l'enfant avait neuf ans; il donnait, dit-on, des espérances. Ils font peine à voir, Varinka! La mère ne pleure pas, mais elle est si triste, la pauvre! C'est peut-être un soulagement pour eux d'en avoir un de moins sur les bras, mais il leur en reste encore deux, un enfant à la mamelle et une petite fille qui a un peu plus de six ans. Au fait, quel agrément y a-t-il à voir souffrir un enfant, son enfant, sans pouvoir lui venir en aide? Le père, vêtu d'un vieux frac crasseux, est assis sur une mauvaise chaise; il pleure, mais est-ce de chagrin? Il se peut que ses larmes coulent comme cela, par habitude. Il est si étrange! Il rougit toujours quand on lui adresse la parole, il se trouble et ne sait que répondre. La petite fille se tient adossée au cercueil, et elle est si chagrine, si pensive, la pauvrette! Je n'aime pas, moi, matotchka Varinka, qu'un enfant soit pensif; c'est déplaisant à voir! A côté d'elle est couchée sur le plancher une poupée misérablement vêtue, — elle ne joue pas; elle reste immobile, son petit doigt posé sur ses lèvres. La logeuse lui a donné un bonbon; elle l'a pris, mais elle ne l'a pas mangé. C'est triste, Varinka, n'est-ce pas?

Makar Diévouchkine.

25 juin.

Très-cher Makar Alexéiévitch! Je vous renvoie votre livre. C'est un méchant petit bouquin qui ne vaut rien du tout! — Il n'est même pas permis de le toucher. Où avez-vous déterré un pareil trésor? Sérieusement, est-il possible que de tels livres vous plaisent, Makar Alexéiévitch? Vous m'aviez tant promis de me procurer un de ces jours quelque chose à lire! Si vous voulez, je prendrai ma part de la dépense. Maintenant, au revoir. Je n'ai vraiment pas le temps d'en écrire plus long.

V. D.

26 juin.

Chère Varinka! Le fait est que je n'ai pas lu ce petit livre, matotchka. A la vérité, j'y ai jeté un coup d'œil; je vois que ce sont des folies, des choses écrites uniquement pour faire rire, pour égayer les gens. Eh bien, me dis-je, ce doit être amusant, en effet; cela plaira peut-être à Varinka; je l'ai pris et je vous l'ai envoyé.

Mais voici que Ratazaïeff m'a promis de me donner à lire quelque chose de vraiment littéraire; eh bien, vous ne manquerez pas de livres, matotchka. Ratazaïeff s'y connaît, — c'est un habile homme; lui-même écrit, oh! comme il écrit! Il a une plume si alerte et tant de style; c'est-à-dire que dans chaque mot, dans la parole la plus insignifiante, la plus banale, la plus vulgaire, tenez, dans une phrase comme j'en pourrais dire parfois à Faldoni ou à Thérèse, eh bien, lui, il met du style! Je vais à ses soirées. Nous fumons du tabac, et il nous fait des lectures; il lit pendant cinq heures, et nous écoutons tout le temps. Ce n'est pas de la littérature, mais un régal! C'est un charme, ce sont des fleurs, positivement des fleurs; chaque page est un bouquet! Il est si affable, si bon, si gracieux! Allons, que suis-je, moi, vis-à-vis de lui? Quoi? Rien. C'est un homme connu, et moi, qu'est-ce que je suis? Je n'existe pas, absolument pas : pourtant il se montre bienveillant à mon égard. Je lui recopie quelques manuscrits. Seulement ne croyez pas, Varinka, qu'il y ait ici un truc, qu'il soit bienveillant pour moi précisément parce que je lui sers de copiste. N'en croyez pas les cancans, matotchka, n'ajoutez pas foi à de bas commérages! Non, cela, je le fais de moi-même, spontanément, pour lui être agréable, et s'il me témoigne de la bienveillance, c'est pour me faire plaisir. Je comprends la délicatesse du procédé, matotchka. C'est un homme bon, très-bon, et un écrivain incomparable.

Mais c'est une belle chose que la littérature, Varinka, une très-belle chose ; je l'ai appris d'eux avant-hier. Une chose profonde! Elle fortifie le cœur des hommes, elle instruit, et — il y a encore diverses autres pensées sur ce sujet dans le livre qu'ils ont lu. Des pensées très-bien exposées ! La littérature, c'est un tableau, c'est-à-dire en quelque sorte un tableau et un miroir : passions, expression, fine critique, leçon édifiante et document. C'est tout ce qui m'est resté de leurs discours. Je vous dirai franchement, matotchka, que je prends place parmi eux, et que je les écoute (en fumant une pipe, à leur exemple); — mais quand ils commencent à discuter sur divers sujets, alors je m'efface tout bonnement; alors nous autres, matotchka, nous n'avons plus qu'à nous effacer. Je me trouve alors n'être qu'un simple crétin, je suis honteux de moi-même, et pendant toute la soirée je cherche à glisser du moins un demi-mot dans la discussion générale; mais voilà, c'est comme un fait exprès, ce demi-mot ne me vient pas! Et l'on se plaint de son sort, Varinka! on regrette de n'être pas ceci et cela, d'avoir, comme dit le proverbe, grandi sans devenir intelligent. Qu'est-ce que je fais maintenant quand je suis libre? — Je dors, imbécile que je suis! Au lieu de dormir sans nécessité, on pourrait aussi s'occuper agréablement, s'asseoir devant sa table et écrire. C'est fructueux pour soi et bon pour les autres. Voyez seulement, matotchka, combien ils gagnent, que le Seigneur leur pardonne! Tenez, Ratazaïeff, par exemple, que d'argent il touche! Qu'est-ce que c'est pour lui qu'écrire une feuille? Il lui est arrivé d'en écrire jusqu'à cinq en un jour, et chacune lui est payée, dit-il, trois cents roubles. Une petite anecdote, quelque chose de curieux, — c'est cinq cents roubles : « Bon gré, mal gré, quand tu devrais crever, tu les donneras, sinon, la fois prochaine, nous exigerons mille roubles ! » Qu'en dites-vous, Varvara Alexéievna ? Mais quoi !

— Pour un mince cahier de poésies où il n'y a que de tout petits vers, Ratazaïeff demande sept mille roubles, matotchka, sept mille, figurez-vous cela. Mais c'est un bien immeuble, une maison de rapport ! Il dit qu'on lui offre cinq mille roubles, mais qu'il ne lâchera pas son manuscrit pour ce prix-là. Je veux lui faire entendre raison : Prenez les cinq mille roubles qu'ils vous proposent, batuchka, lui dis-je, et moquez-vous d'eux ; après tout, cinq mille roubles, c'est de l'argent ! — Non, répond-il, ils m'en donneront sept mille, les coquins ! — Vraiment, il entend bien les affaires !

Puisque j'en suis venu à parler de cela, matotchka, je vais vous citer un petit passage des *Passions italiennes;* c'est le titre d'un ouvrage de Ratazaïeff. Lisez l'extrait ci-dessous, Varinka, et jugez vous-même.

« ..... Vladimir frissonna, des passions furieuses commencèrent à s'agiter en lui, son sang se mit à bouillonner.....

« — Comtesse, cria-t-il, comtesse ! Savez-vous combien terrible est cette passion, combien illimitée cette folie ? Non, mes rêves ne m'ont pas trompé ! J'aime, j'aime frénétiquement, rageusement, follement ! Tout le sang de ton mari ne calmera pas l'exaltation forcenée de mon âme ! D'insignifiants obstacles n'arrêteront pas le feu infernal qui dévore ma poitrine épuisée. O Zinaïde, Zinaïde !...

« — Vladimir !... murmura la comtesse hors d'elle-même, en se penchant sur l'épaule du jeune homme...

« — Zinaïde ! fit avec élan Smielsky.

« De sa poitrine s'évapora un soupir. L'incendie jetait une flamme claire sur l'autel de l'amour, et dévorait la poitrine des infortunés martyrs.

— « Vladimir !... prononça à voix basse la comtesse éperdue. Sa poitrine se soulevait, ses joues étaient devenues pourpres, ses yeux étincelaient.....

« Un nouveau, un terrible hymen était consommé ! . . . .
. . . .

« Une demi-heure plus tard, le vieux comte entrait dans le boudoir de son épouse.

« — Mais, mon âme, si l'on faisait chauffer du thé pour notre cher hôte ? dit-il en frappant légèrement sur l'épaule de sa femme. »

Eh bien, je vous le demande, matotchka, comment trouvez-vous cela? A la vérité, c'est un peu libre; là-dessus, pas de discussion, mais, en revanche, c'est beau. Pour être beau, ça, c'est beau! Permettez que je vous transcrive encore un petit fragment de la nouvelle: *Iermak et Zuléika.*

Figurez-vous, matotchka, que le Cosaque Iermak, le farouche et terrible conquérant de la Sibérie, est devenu amoureux de Zuléika, la fille du roi sibérien Koutchoum, qui est tombée en son pouvoir. Le sujet, comme vous voyez, est emprunté à l'époque d'Ivan le Terrible. Voici la conversation de Iermak et de Zuléika :

« — Tu m'aimes, Zuléika! Oh! répète, répète!...

« — Je t'aime, Iermak, répondit à voix basse Zuléika.

« — Ciel et terre, je vous remercie! Je suis heureux!... Vous m'avez donné tout, tout ce à quoi aspirait depuis l'adolescence mon âme agitée. Ainsi voilà où tu m'as conduit, ô mon étoile dirigeante; ainsi voilà pourquoi tu m'as mené ici, au delà de la Ceinture de Pierre! Je montrerai au monde entier ma Zuléika, et les hommes, ces monstres furieux, n'oseront m'adresser aucun reproche! Oh! s'ils peuvent comprendre ces souffrances secrètes de son âme tendre, s'ils sont capables de voir tout un poëme dans une petite larme de ma Zuléika! Oh! laisse-moi essuyer cette larme avec mes baisers, laisse-moi la boire, cette larme céleste... être supraterrestre!

« — Iermak, dit Zuléika, le monde est méchant, les hommes sont injustes! Ils nous repousseront, ils nous condamneront, mon cher Iermak! Une pauvre fille élevée au milieu des neiges de la Sibérie, sous la tente de son père, que fera-t-elle dans votre monde froid, glacial, égoïste, sans âme? Les hommes ne me comprendront pas, mon désiré, mon bien-aimé!

« — Alors le sabre cosaque se lèvera et s'abaissera sur eux! cria Iermak dont les yeux brillaient d'un éclat sinistre. »

Mais que devient Iermak, Varinka, quand il apprend que sa Zuléika a été assassinée! Koutchoum, vieillard aveugle, profitant des ténèbres de la nuit, s'est glissé, en l'absence de Iermak, dans la tente de ce dernier, et a égorgé sa fille, voulant porter un coup mortel au Cosaque qui l'a privé du trône et de la couronne.

« Il me plaît de frotter le fer contre la pierre!

s'écria Iermak transporté de fureur, en aiguisant son couteau de damas sur une pierre consacrée au culte. Il me faut leur sang, leur sang! J'ai besoin de les scier, de les scier, de les scier!!! »

Et après tout cela, Iermak, n'ayant pas la force de survivre à sa Zuléika, se jette dans l'Irtych, et tout finit par là.

Voici maintenant un petit spécimen de description plaisante, quelques lignes écrites spécialement pour faire rire :

« Connaissez-vous Ivan Prokofiévitch? Eh bien, tenez, c'est celui qui a mordu à la jambe Prokofifi Ivanovitch. Ivan Prokofiévitch est un homme d'un caractère roide, mais en revanche doué de rares vertus; au contraire, Prokofifi Ivanovitch aime excessivement le raifort au miel[1]. A l'époque où Pélagie Antonovna était liée avec lui... Mais connaissez-vous Pélagie Antonovna? Eh bien, c'est celle qui met toujours sa jupe à l'envers. »

C'est de l'humour, Varinka, tout simplement de l'humour! Nous nous sommes tordus de

---

[1] L'intention plaisante de cette phrase échappera complétement au lecteur français. Peut-être le badinage a-t-il un peu plus de sel en russe, mais il nous a été impossible de reproduire le calembour que forment dans le texte les mots *riedkikh* (rares) et *riedkou* (raifort).

rire, quand il nous a lu cela. Il est si drôle, que le Seigneur lui pardonne! Du reste, matotchka, quoique ce soit un peu léger, trop folichon, du moins c'est innocent, cela ne renferme pas le plus petit grain d'impiété et de libéralisme. Il faut noter, matotchka, que Ratazaïeff est un homme d'une très-bonne conduite; aussi est-ce un excellent écrivain, une exception parmi les littérateurs.

Mais, au fait, voici une idée qui me vient parfois à l'esprit... Eh bien, si j'écrivais quelque chose, qu'arriverait-il alors? Supposons, par exemple, que tout à coup, de but en blanc, paraisse un livre intitulé : *Poésies de Makar Diévouchkine!* Eh bien, qu'est-ce que vous diriez alors, mon petit ange? Comment trouveriez-vous cela? qu'est-ce que vous en penseriez? Moi, je me dis, matotchka, qu'après la publication de mon livre je n'oserais plus, décidément, me montrer sur la perspective Nevsky. Imaginez-vous ma situation en entendant chacun dire sur mon passage: « Voilà l'écrivain et le poëte Diévouchkine... C'est Diévouchkine en personne! » Que ferai-je alors avec mes bottes, par exemple? Soit dit en passant, matotchka, je porte presque toujours des chaussures rapiécées, et, pour ne vous rien cacher, les semelles se détachent parfois d'une façon fort inconvenante. Quel effet cela ferait-il quand tout le monde saurait que l'écrivain Diévouchkine met des bottes rapiécées? Si quelque comtesse ou duchesse l'apprenait, que dirait-elle, mon âme? Elle ne s'en apercevrait peut-être pas, car, à ce que je suppose, les comtesses ne s'occupent pas des bottes, surtout quand ce sont des bottes d'employés (il y a, en effet, bottes et bottes); mais on lui raconterait tout, mes amis me trahiraient. Ratazaïeff serait le premier à me vendre; il fréquente chez la comtesse V...; il dit qu'il va la voir très-souvent et tout à fait sans façons. C'est, dit-il, une dame si distinguée, si littéraire! Un nœud coulant, ce Ratazaïeff!

Mais, du reste, assez là-dessus; j'écris tout cela, mon petit ange, par manière de plaisanterie, pour m'amuser et vous distraire. Adieu, ma chérie! Je viens de vous griffonner force sottises, mais c'est parce que je suis aujourd'hui dans la disposition d'esprit la plus gaie. Nous avons dîné tous ensemble aujourd'hui chez Ratazaïeff, et (ce sont des polissons, matotchka!) ils ont fait circuler un tel romanée..... Allons, à quoi bon vous parler de cela? Seulement, ne vous imaginez rien à mon sujet, Varinka.

7.

Tout cela, c'est pour rire. Je vous enverrai des livres, je n'y manquerai pas... Ici l'on se passe de main en main un ouvrage de Paul de Kock; seulement, matotchka, Paul de Kock ne sera pas pour vous... Jamais de la vie ! Paul de Kock ne vous convient pas. On dit, matotchka, qu'il éveille une noble indignation chez tous les critiques de Pétersbourg. Je vous envoie une livre de bonbons, — je les ai achetés exprès pour vous. Mangez-les, matotchka, et que chaque bonbon vous fasse penser à moi. Seulement, pour ce qui est du sucre candi, ne le grignotez pas, et contentez-vous de le sucer, sinon, vous aurez mal aux dents. Mais vous aimez peut-être aussi les clarequets? Écrivez-le-moi. Allons, adieu, adieu. Que le Christ soit avec vous, ma chérie ! Moi, je reste pour toujours

Votre très-fidèle ami,

Makar Diévouchkine.

27 juin.

Monsieur Makar Alexéiévitch !

Fédora dit que, si je veux, certaines personnes s'intéresseront volontiers à ma position, et me feront obtenir une fort bonne place dans une maison, un emploi d'institutrice. Qu'en pensez-vous, mon ami? Irai-je, ou n'irai-je pas? Sans doute, alors, je ne serai plus une charge pour vous, et puis la place paraît avantageuse; mais, d'un autre côté, il est assez pénible d'aller dans une maison qu'on ne connaît pas. Ce sont des propriétaires. Ils prendront des renseignements sur moi, ils questionneront, voudront savoir; — eh bien, que dirai-je alors? De plus, je suis si peu sociable, si sauvage, je n'aime pas à quitter le coin dont j'ai l'habitude. On se trouve mieux dans l'endroit où l'on est accoutumé à vivre : l'existence a beau y être malheureuse, on s'y trouve mieux. En outre, il faudrait aller en province, et encore Dieu sait quelle besogne me serait confiée ; on ferait peut-être de moi ni plus ni moins qu'une bonne d'enfants. D'ailleurs, il y a aussi le caractère des gens: depuis deux ans, ils en sont à la troisième institutrice. Conseillez-moi donc, Makar Alexéiévitch, pour l'amour de Dieu; irai-je ou n'irai-je pas? — Mais pourquoi ne venez-vous jamais chez moi ? De loin en loin seulement vous vous montrez. Nous ne nous voyons guère que le dimanche à la messe. Que vous êtes misanthrope ! Vous êtes tout à fait comme moi! Et je suis presque votre parente. Vous ne m'aimez pas, Makar Alexéiévitch; dans la solitude je suis quelquefois fort triste. Parfois, surtout à la tombée de la nuit, je me trouve toute seule à la maison. Fédora s'en va quelque part. Je reste là à penser, à me rappeler le passé, ses joies et ses tristesses; — tout se présente devant mes yeux, tout surgit comme d'un brouillard. Des figures connues m'apparaissent (je commence à avoir des visions presque en état de veille), — c'est le plus souvent ma mère que je vois... Et quels rêves je fais! Je sens que ma santé est détruite; je suis si faible; voilà que ce matin, en me levant, je me suis trouvée mal; en outre, j'ai une si mauvaise toux! Je sens, je sais que je mourrai bientôt. Qui m'enterrera ? Qui suivra mon cercueil? Qui me pleurera ?... Et voilà qu'il me faudra peut-être mourir chez autrui, dans une maison étrangère, dans un coin étranger!... Mon Dieu, que la vie est triste, Makar Alexéiévitch! — Pourquoi, mon ami, me faites-vous toujours manger des bonbons? Vraiment, je ne sais où vous prenez tant d'argent! Ah! mon ami, ménagez l'argent, pour l'amour de Dieu, épargnez-le. — Fédora va vendre le tapis que j'ai brodé; on en offre cinquante roubles assignats. C'est un fort beau prix, je n'espérais pas en tirer une si forte somme. Je donnerai trois roubles d'argent à Fédora, et je me payerai une petite robe toute simple, mais chaude. Je vous ferai un gilet, je le ferai moi-même et je choisirai une bonne étoffe.

Fédora m'a rapporté un livre, les *Nouvelles de Bielkine,* que je vous enverrai, si vous voulez le lire. Je vous prie seulement de ne pas le salir et de ne pas le garder trop longtemps; ce livre n'est pas à moi; — c'est un ouvrage de Pouchkine. Il y a deux ans j'ai lu ces nouvelles avec ma mère, et maintenant j'ai été si triste en les relisant! Si vous avez quelques livres, envoyez-les-moi, pourvu toutefois qu'ils ne vous viennent pas de Ratazaïeff. Il vous donnera certainement son ouvrage, s'il a publié quelque chose. Comment se fait-il que ses écrits vous plaisent, Makar Alexéiévitch? De telles inepties... — Allons, adieu! Comme j'ai laissé courir ma plume! Quand je suis chagrine, j'aime à bavarder sur quelque chose. C'est un remède : on se sent soulagé tout de suite, surtout si l'on dit tout ce qu'on a sur le cœur. Adieu, adieu, mon ami!

Votre V. D.

28 juin.

Matotchka, Varvara Alexéievna!

Finissez-en avec le chagrin! Comment donc n'êtes-vous pas honteuse! Allons, assez, mon petit ange; comment pouvez-vous avoir de pareilles idées? Vous n'êtes pas malade, ma petite âme, vous ne l'êtes pas du tout; vous êtes florissante, oui, vraiment, florissante; un peu pâle, mais florissante tout de même. Et que parlez-vous de rêves, de visions? C'est honteux, ma chérie, assez; crachez sur ces songes, crachez là-dessus tout simplement. Pourquoi donc ai-je un bon sommeil? Pourquoi ne m'arrive-t-il rien? Regardez-moi, matotchka. Je vais mon petit train, je dors paisiblement, je suis bien portant et gaillard; c'est plaisir de me voir. Assez, assez, matotchka, vous devriez être honteuse! Réformez-vous. Je connais votre petite tête, douchetchka; survient-il la moindre chose, vous devenez mélancolique et voyez tout en noir. Par égard pour moi, cessez, douchetchka. Entrer en condition? — Jamais! Non, non, non! Et comment pouvez-vous penser que cela vous convient? Mais non, matotchka, je ne permets pas cela, je m'élève de toutes mes forces contre un pareil projet. Je vendrai mon vieux frac et j'irai en chemise dans les rues, mais vous ne serez pas dans la gêne chez nous. Non, Varinka, non, je vous connais! C'est de l'extravagance, de la folie pure! A coup sûr, toute la faute est à Fédora : évidemment c'est elle, la sotte, qui vous a suggéré cette idée. Mais ne la croyez pas, matotchka!... Assurément vous ne savez pas encore tout, mon âme... C'est une femme bête, tracassière, acariâtre; elle a hâté la fin de son mari défunt. Ou bien elle vous a, pour sûr, mise en colère? Non, non, matotchka, pour rien au monde! Et moi, que deviendrai-je alors? que me restera-t-il à faire? Non, Varinka, mon âme, chassez cela de votre petite tête. Que vous manque-t-il chez nous? Votre présence nous réjouit, vous nous aimez; — eh bien, vivez là tranquillement; brodez ou lisez, ne brodez même pas, si vous voulez, — peu importe, pourvu que vous restiez avec nous. Autrement, jugez vous-même, à quoi cela ressemblera-t-il alors?... Je vais vous procurer des livres, et puis nous prendrons jour pour faire encore une promenade ensemble. Seulement, laissez cela, matotchka, laissez cela, soyez raisonnable, et renoncez à des lubies insensées! J'irai vous voir, et cela d'ici à très-peu de temps; mais, en revanche, permettez-moi de vous le déclarer franchement et sans détours : ce n'est pas bien, douchetchka, ce n'est pas bien du tout! Sans doute je n'ai pas d'instruction, je sais moi-même que je ne suis pas un homme instruit, et qu'on n'a pas dépensé gros pour mon éducation; mais ce n'est pas de cela que je veux parler, il ne s'agit pas de moi ici, c'est Ratazaïeff que je veux défendre, soit dit sans vouloir vous déplaire. Il est mon ami, voilà pourquoi je prends sa défense. Il écrit très-bien, très, très-bien, je le répète. Je ne suis pas d'accord avec vous, et il m'est impossible de partager votre avis. C'est écrit d'un style fleuri, saccadé, plein de figures; il y a diverses pensées; c'est très-bien! Vous avez peut-être lu cela froidement, Varinka, ou bien vous étiez alors de mauvaise humeur; Fédora vous avait donné quelque sujet de mécontentement, il y avait chez vous quelque chose qui n'allait pas. Non, lisez cela avec sentiment, quand vous serez gaie, contente, quand vous vous trouverez dans une disposition d'esprit agréable, tenez, par exemple, lorsque vous aurez un bonbon dans la bouche : — voilà à quel moment il faut faire cette lecture. Je l'admets (qui donc dit le contraire?), il y a des écrivains meilleurs que Ratazaïeff, il y en a même de beaucoup meilleurs, mais leur mérite n'empêche pas celui de Ratazaïeff; ils écrivent bien, et il écrit bien aussi. De temps à autre, pour son amusement personnel, il met du noir sur du blanc, et il a raison. Allons, adieu, matotchka; je ne puis continuer; il faut que je me dépêche, j'ai affaire. Mais faites-y attention, matotchka, ma charmante petite belette, calmez-vous, et que le Seigneur vous conserve sa protection. Moi, je reste

Votre fidèle ami
MAKAR DIÉVOUCHKINE.

P. S. — Merci pour le livre, ma chère, nous lirons aussi Pouchkine; ce soir sans faute je passerai chez vous.

MON CHER MAKAR ALEXÉIÉVITCH !

Non, mon ami, non, je ne puis pas demeurer parmi vous. J'ai réfléchi, et je trouve que j'aurais grand tort de refuser une place aussi avantageuse. Là, du moins, j'aurai un morceau de pain assuré; je ferai tout pour mériter la bienveillance de mes patrons; je tâcherai même de modifier mon caractère, s'il le faut. Sans doute il est triste, il est pénible de vivre au milieu des étrangers, de rechercher les bonnes grâces d'autrui, de dissimuler et de se contraindre; mais Dieu m'aidera. On ne peut pas rester misanthrope toute sa vie. Je me suis déjà trouvée dans des cas semblables. Je me rappelle le temps où j'étais une petite pensionnaire. Le dimanche, à la maison, je m'ébattais, je sautais, parfois même ma mère me grondait un peu; — n'importe, j'avais le cœur content, l'âme sereine. Quand arrivait le soir, j'étais envahie par une tristesse mortelle : il fallait rentrer à neuf heures à la pension, et là tout avait un aspect étrange, froid, sévère. Le lundi, les maîtresses étaient si irritables, j'avais le cœur si serré ! Prise d'un besoin de pleurer, j'allais dans un petit coin, et là, toute seule, je répandais des larmes que je m'efforçais de cacher ; — on me traitait de paresseuse, et si je pleurais, ce n'était pas du tout parce qu'il fallait étudier. — Eh bien, quoi? Je me suis habituée, et, plus tard, quand je suis sortie de pension, j'ai pleuré aussi en disant adieu à mes camarades. D'ailleurs, c'est mal à moi d'être une charge pour vous deux. Cette idée fait mon supplice. Je vous dis tout cela franchement, parce que j'ai l'habitude d'être franche avec vous. Est-ce que je ne vois pas Fédora se lever chaque jour de grand matin, se mettre à laver, et travailler jusqu'à une heure avancée de la nuit? — Les vieux os pourtant aiment le repos. Est-ce que je ne vois pas que vous vous ruinez pour moi, que vous sacrifiez pour moi votre dernier kopek? Vous outre-passez vos moyens, mon ami! Vous m'écrivez que vous vendrez votre dernier vêtement, mais que vous ne me laisserez pas dans le besoin. Je le crois, mon ami, je crois à votre bon cœur, mais vous parlez ainsi maintenant. A présent, il vous est survenu une aubaine inattendue, vous avez reçu une gratification; mais ensuite? Vous le savez vous-même, — je suis toujours malade; je ne puis pas travailler comme vous, quelque envie que j'en eusse, et puis je n'ai pas toujours du travail. Que me reste-t-il donc? Je n'ai plus qu'à me consumer dans le chagrin en vous contemplant tous deux si dévoués. En quoi puis-je vous être de la moindre utilité? Et pourquoi vous suis-je si nécessaire, mon ami? Quel bien vous ai-je fait? Je vous suis seulement attachée de toute mon âme, j'ai pour vous une forte et solide affection, je vous aime de tout mon cœur, mais — ma destinée est amère! — je sais aimer, je puis aimer, et rien de plus; je ne puis vous faire du bien, ni reconnaître vos bontés. Ne me retenez donc plus; réfléchissez et dites-moi votre avis définitif. En l'attendant, je reste

Votre affectionnée

V. D.

1er juillet.

C'est de la folie, de la folie, Varinka, de l'extravagance tout simplement ! Si on la laisse ainsi à elle-même, que n'imaginera pas votre petite tête? Ce n'est pas cela! ce n'est pas cela! Je vois maintenant que tout cela est de la folie. Mais qu'est-ce qui vous manque chez nous, matotchka? dites-le seulement ! On vous aime, vous nous aimez, nous sommes tous contents et heureux.— Que faut-il de plus ? Allons, qu'est-ce que vous ferez chez des étrangers ? Assurément vous ne savez pas encore ce que c'est que l'étranger... Non, demandez-le-moi, et je vous dirai ce que c'est que l'étranger. Je le connais, matotchka ; je le connais bien ; il m'est arrivé de manger son pain. Il est méchant, Varinka, méchant, si méchant que le cœur ne peut résister à la souffrance causée par ses gronderies, ses reproches, son mauvais regard. Chez nous, vous avez chaud, vous êtes bien, vous vous trouvez, pour ainsi dire, dans un petit nid hospitalier. Et votre départ nous laissera comme sans tête. Allons, que ferons-nous sans vous ? Que ferai-je alors, moi vieillard ? Nous n'avons pas besoin de vous ? Vous ne nous êtes pas utile ? Comment ne l'êtes-vous pas ? Non, matotchka, jugez-vous-même ; comment donc ne nous êtes-vous pas utile ? Vous êtes d'une grande utilité pour moi, Varinka. Vous avez une influence si bienfaisante... Tenez, je pense maintenant à vous, et je suis gai. Parfois je vous écris une lettre, j'y expose tous mes sentiments, et je reçois de vous une réponse détaillée. — Je vous ai acheté quelques vêtements, je vous ai fait faire un chapeau ; parfois vous avez une commission pour le dehors, je me charge de la commission... Non, comment donc n'êtes-vous pas utile ? Arrivé à la vieillesse, que ferai-je seul ? à quoi serai-je bon ? Peut-être n'avez-vous même pas pensé à cela, Varinka; non, pensez-y un peu; dites-vous : A quoi sera-t-il bon quand je ne serai plus là? Je suis habitué à vous, ma chère. — Si vous partez, qu'en résultera-t-il ? J'irai me jeter dans la Néva, et ce sera une affaire finie. Oui, vraiment, il arrivera quelque chose de pareil, Varinka; sans vous, que me restera-t-il à faire? Ah ! douchetchka, Varinka! Évidemment, vous voulez qu'un charretier me conduise à Volkovo, que quelque vieille mendiante, habituée des enterrements, accompagne seule mon cercueil, qu'on me couvre de sable, qu'on s'en aille et qu'on me laisse là seul. C'est mal, matotchka, c'est mal! En vérité, je vous l'assure, c'est un péché, un péché! Je vous renvoie votre livre, ma petite amie Varinka, et si vous, ma petite amie, me demandez mon avis sur cet ouvrage, je vous dirai que de ma vie il ne m'était pas encore arrivé d'en lire un si beau. Je me demande maintenant, matotchka, comment j'ai pu jusqu'à présent rester si âne, que le Seigneur me pardonne ! Qu'ai-je fait ? De quels bois suis-je sorti ? Je ne sais rien, matotchka, je ne sais absolument rien ! Je ne connais rien de rien ! Je vous le dirai franchement, Varinka, — je suis un homme sans instruction;

j'ai peu lu jusqu'à présent, fort peu, presque rien; j'ai lu le *Tableau de l'homme,* un ouvrage intelligent; j'ai lu l'*Enfant qui exécute divers morceaux sur des sonnettes,* et les *Grues d'Ibycus;* mais voilà tout, je n'ai jamais rien lu d'autre. Maintenant je viens de lire ici, dans votre livre, le *Préposé du relais;* eh bien, je vous le dis, matotchka, il arrive que vous vivez et que vous ne savez pas qu'il y a à côté de vous un livre où toute votre vie est mise en pleine lumière. Ce dont vous-même ne vous étiez nullement aperçue auparavant, voilà que, quand vous commencez à lire dans ce livre, vous vous le rappelez peu à peu, vous le retrouvez, vous le devinez. Et enfin voici encore quelque chose qui m'a fait aimer votre petit livre : certains ouvrages, on a beau les lire, les lire, se mettre l'esprit à la torture; c'est si fin qu'on n'y comprend goutte. Moi, par exemple, je suis naturellement obtus, j'ai la conception difficile, en sorte que je ne puis pas lire les livres trop sérieux; mais cela, vous le lisez, et il vous semble que vous-même l'avez écrit; on dirait que l'auteur a pris votre propre cœur, l'a retourné et en montre l'envers aux gens, sans négliger le moindre détail! Et c'est simple, mon Dieu, mais quoi! Vraiment, moi aussi j'écrirais cela! Pourquoi donc ne l'écrirais-je pas? J'éprouve des sentiments pareils, tout pareils à ceux qui se trouvent dans le livre, et moi-même je me suis vu parfois dans des situations semblables, par exemple, à celle de ce pauvre Samson Vyrine. Et combien il y a parmi nous de Samson Vyrine, de cœurs brisés comme le sien! Et comme tout est bien décrit! J'ai été sur le point de pleurer, matotchka, en lisant qu'il s'est mis à boire, le pécheur : il est devenu ivrogne, la boisson lui a enlevé l'usage de ses sens, et il dort toute la journée sous une pelisse d'agneau; pour s'étourdir il prend du punch, il se lamente douloureusement et essuie ses yeux trempés de larmes avec un pan de sa sale redingote, lorsqu'il parle de sa brebis égarée, de sa fille Douniachka! Non, c'est naturel! Lisez donc cela; c'est naturel! Cela vit! Moi-même j'ai vu cela; — tout cela vit autour de moi; tenez, Thérèse, par exemple... Mais, sans chercher plus loin, notre pauvre employé est peut-être, lui aussi, un Samson Vyrine, à cela près qu'il s'appelle autrement, *Gorchkoff*. — C'est une chose commune, matotchka; il peut nous en arriver autant à vous et à moi. Et pour le comte qui habite sur la perspective Nevsky ou sur le Quai, ce sera aussi la même chose; les apparences seulement différeront, parce que chez ces gens-là, naturellement, tout est grand genre, mais au fond ce sera la même chose; tout peut arriver, et je puis être aussi dans le même cas. Voilà le fait, matotchka, et vous voulez encore nous quitter; mais le malheur, Varinka, peut m'atteindre. Vous risquez de causer votre perte et la mienne, ma chère. Ah! pour l'amour de Dieu, ma petite belette, chassez de votre petite tête toutes ces idées indépendantes et ne me désolez pas inutilement. Faible oiselet encore sans plumes, vous ne saurez jamais ni pourvoir à votre subsistance, ni vous préserver du malheur, ni vous défendre contre les scélérats! Finissez-en, Varinka, revenez à la raison; au lieu de prêter l'oreille à des conseils absurdes, relisez encore une fois votre livre, lisez-le avec attention; cela vous profitera.

J'ai parlé du *Préposé du relais* à Ratazaïeff. Il m'a dit que tout cela était vieux, et que maintenant on ne publiait que des livres contenant des tableaux et des descriptions diverses; vraiment, je n'ai pas bien compris ses paroles. Mais il a ajouté que Pouchkine était un grand poëte, et qu'il avait illustré la sainte Russie; il m'a dit encore bien d'autres choses sur lui. Oui, c'est très-bien, Varinka; relisez donc le livre avec attention, suivez mes conseils et faites par votre obéissance le bonheur d'un vieillard. Alors le Seigneur lui-même vous récompensera, ma chère, il vous récompensera infailliblement.

Votre ami sincère

MAKAR DIÉVOUCHKINE.

MONSIEUR MAKAR ALEXÉIÉVITCH!

Fédora m'a apporté aujourd'hui quinze roubles d'argent. Comme elle a été contente, la pauvre, quand je lui en ai donné trois! Je vous écris à la hâte. Je double en ce moment votre gilet, — l'étoffe est si jolie! — de petites fleurs sur un fond jaunâtre. Je vous envoie un livre; ce sont encore des nouvelles. J'en ai lu quelques-unes; lisez celle qui est intitulée *le Manteau*[1]. — Vous m'engagez à aller au théâtre avec vous; mais cela ne coûtera-t-il pas trop cher? A moins d'aller quelque part à la galerie. Je n'ai pas été au théâtre depuis fort longtemps, et, vraiment, je ne me rappelle pas quand.

[1] Nouvelle de Gogol. Voir notre préface.

Mais, encore une fois, je crains que ce plaisir ne soit bien coûteux. Fédora hoche seulement la tête. Elle dit qu'à présent vous ne réglez plus du tout votre existence sur vos moyens; d'ailleurs, je le vois bien moi-même, que d'argent vous avez dépensé rien que pour moi! Prenez garde, mon ami, qu'il ne vous arrive malheur. Fédora m'a aussi parlé de certains bruits qui courent : vous auriez eu, paraît-il, une dispute avec votre logeuse, parce que vous ne la payez pas; j'ai grand'peur pour vous. Allons, adieu, je suis pressée. C'est une petite affaire : je change la garniture d'un chapeau.

P. S.—Savez-vous, si nous allons au théâtre, j'étrennerai mon chapeau neuf, et je mettrai une mantille noire sur mes épaules. Serai-je bien?

7 juillet.

Mademoiselle Varvara Alexéievna !

...Je reviens à ce que je vous disais hier. Oui, matotchka, nous aussi, nous avons fait des sottises dans notre temps. J'ai été amoureux de cette petite actrice, amoureux fou, mais ce ne serait rien encore; le plus drôle, c'est que je ne l'ai pas vue, pour ainsi dire, que je ne suis allé au théâtre qu'une seule fois, et que néanmoins j'ai été pincé. Dans le logement contigu au mien demeuraient alors quatre jeunes gens, des natures bouillantes. Je les voyais ; sans le vouloir je m'étais lié avec eux, tout en me tenant toujours dans les limites convenables. Allons, pour ne pas me singulariser, j'étais constamment de leur avis. Ils me parlaient tant de cette petite actrice ! Chaque soir de représentation, toute la bande, — pour les choses nécessaires, ils n'avaient jamais un groch, — toute la bande se rendait au théâtre, à la galerie, et ce qu'ils applaudissaient, ce qu'ils rappelaient cette comédienne ! — Ils étaient positivement enragés ! Et ensuite ils ne me laissaient pas dormir; toute la nuit, ils ne faisaient que parler d'elle, chacun l'appelait sa Glacha, ils en étaient toqués tous les quatre, tous avaient dans le cœur le même canari. Leur exemple m'entraîna aisément, j'étais encore jeune alors. Je ne sais pas moi-même comment je me trouvai avec eux au théâtre, à la galerie du quatrième étage. Pour ce qui est de voir, je ne vis qu'un petit bout de rideau ; en revanche, j'entendis tout. L'actrice avait une jolie petite voix, sonore et mélodieuse comme celle d'un rossignol! Nous applaudissions et nous criions si fort que nous faillîmes avoir une mauvaise affaire avec la police; l'un de nous fut expulsé. En regagnant mon logis, je marchais comme dans une vapeur de charbon! Il ne me restait en poche qu'un rouble d'argent, et je n'avais pas d'honoraires à recevoir avant dix grands jours. Eh bien, devinez ce que je fis, matotchka! Le lendemain, avant d'aller au service, je passai chez un parfumeur français, j'achetai là des odeurs et du savon parfumé; toute ma fortune fut ainsi dépensée; — je ne sais pas moi-même pourquoi je fis ces emplettes. Je ne dînai pas chez moi et me promenai longtemps devant les fenêtres de la belle. Elle demeurait sur la perspective Nevsky, à un quatrième étage. Arrivé chez moi, je me reposai une petite heure, puis je retournai à la perspective Nevsky, à seule fin de reprendre ma promenade vis-à-vis de *sa* maison. Pendant six semaines, j'allai ainsi lui faire la cour; à chaque instant, je prenais des voitures, je ne faisais que passer et repasser devant ses croisées : je dissipai toutes mes ressources, je m'endettai; après quoi, je cessai de l'aimer : — j'en avais assez! Ainsi, voilà ce qu'une petite cabotine peut faire d'un homme comme il faut, matotchka! Il est vrai qu'alors j'étais jeune, fort jeune!...

M. D.

8 juillet.

Mademoiselle Varvara Alexéievna !

Je m'empresse de vous retourner le livre que vous m'avez envoyé le 6 de ce mois, et en même temps j'ai hâte de m'expliquer avec vous par la présente. C'est mal, matotchka, c'est mal de m'avoir mis dans une telle nécessité. Permettez, matotchka; les diverses conditions sont assignées aux hommes par le Tout-Puissant. Celui-ci est destiné à porter les épaulettes de général, celui-là à servir comme conseiller titulaire; tel a pour lot le commandement, tel l'obéissance craintive et silencieuse. Cela est réparti suivant les capacités de l'homme; l'un est propre à une chose, l'autre à une autre, et les capacités sont données par Dieu lui-même. — Je suis employé depuis environ trente ans; je sers d'une façon irréprochable, j'ai une bonne conduite, jamais on ne m'a vu prendre part à des désordres. En tant que citoyen, je me considère dans mon for intérieur comme ayant mes défauts, mais en même temps aussi des vertus. Je jouis de l'estime de mes chefs, et Son Excellence elle-même est contente de moi; quoiqu'elle ne m'ait encore donné aucune marque particulière de sa bienveillance, je sais qu'elle est contente. Mon écriture est suffisamment lisible et élégante, ni trop grosse, ni trop fine, ayant plutôt quelque chose de la cursive, mais en tout cas satisfaisante; chez nous, il n'y a guère qu'Ivan Prokofiévitch qui écrive ainsi, et encore! J'ai maintenant des cheveux blancs; je ne me connais aucun gros péché. Quant aux petits, qui donc en est exempt ? Tout le monde est pécheur; vous-même, matotchka, vous êtes une pécheresse! Mais une faute grave, une audacieuse violation des règlements, une atteinte portée à la tranquillité publique, cela, on n'a jamais pu me le reprocher; j'ai même obtenu une petite décoration; — eh bien, voilà! Tout cela, en conscience, vous auriez dû le savoir, matotchka, et lui aussi; du moment qu'il entreprenait de tracer un portrait, il ne devait rien ignorer. Non, je ne m'attendais pas à cela de votre part, matotchka : non, Varinka ! C'est une chose qui, venant de vous surtout, a lieu de m'étonner.

Comment ! Ainsi, après cela, on ne pourra plus vivre tranquillement dans son petit coin, — quel qu'il soit, — vivre, comme dit le proverbe, sans troubler l'eau, sans toucher à personne, connaissant la crainte de Dieu et se connaissant soi-même ! Il faudra que quelqu'un s'occupe de vous, vienne vous relancer dans votre taudis, espionne votre existence privée, cherche à savoir, par exemple, si votre gilet est beau, si vous portez un pantalon convenable, si vous avez des bottes et comment les semelles y tiennent; ce que vous mangez, ce que vous buvez, ce que vous copiez ! Mais quand bien même, là où le pavé est mauvais, je marcherais parfois sur la pointe des pieds pour ménager mes bottes, qu'importe cela, matotchka ? Pourquoi écrire sur le compte d'autrui qu'il est quelquefois dans la gêne, qu'il ne boit pas de thé ? Comme si tout le monde était absolument obligé de prendre du thé ! Mais est-ce que je vais, moi, regarder dans la bouche des gens pour voir ce qu'ils mangent? A l'égard de qui donc me suis-je permis cette inconvenance? Non, matotchka, pourquoi offenser les autres quand ils ne vous font rien? Voici encore un exemple, Varvara Alexéievna : vous servez consciencieusement, avec zèle, — quoi! — vos chefs eux-mêmes vous estiment (quoi qu'il en soit, au bout du compte, vous avez leur estime), — et voilà que quelqu'un, sous votre nez, sans aucune cause appréciable, de but en blanc, vous décoche une satire. Sans doute, c'est la vérité, parfois on se fait faire des effets neufs, — on est bien aise, on ne dort pas tant on est content; les bottes neuves, par exemple, on les met avec un si vif plaisir! — C'est vrai, je l'ai senti, parce qu'il est agréable de voir à son pied une chaussure fine, élégante; — cette observation est juste! Mais, n'importe, je m'étonne vraiment que Fédor Fédorovitch ait laissé passer sans y faire attention un pareil livre, et qu'il ait toléré des attaques contre lui-même. C'est vrai que ce haut fonctionnaire est encore jeune, et qu'il aime parfois à crier un peu; mais pourquoi donc ne crierait-il pas? Pourquoi ne pas nous gronder quand il le faut? Soit, mettons qu'il gronde ainsi pour la forme; — eh bien, c'est son droit; il faut apprendre à vivre aux gens, il faut leur laver la tête ; car — entre nous soit dit, Varinka, — nous autres, pour travailler, nous avons besoin d'être chapitrés d'importance. Chacun de nous se soucie seulement de faire acte de présence; quant à la besogne, il la laisse de côté. Mais comme il y a divers degrés dans la hiérarchie bureaucratique, et que chaque employé demande à être réprimandé d'une façon conforme à son rang, il est naturel, par suite, que le ton de la réprimande varie suivant le tchin; — c'est dans l'ordre des choses! D'ailleurs, pour que le monde subsiste, il faut, matotchka, que chacun de nous impose à son subordonné ; que tous, du haut en bas, nous nous flanquions des savons les uns aux autres. Sans cette précaution, le monde ne subsisterait pas, il n'y aurait pas d'ordre. En vérité, je m'étonne que Fédor Fédorovitch ait fermé les yeux sur une pareille offense!

Et pourquoi écrire ces choses-là ? A quoi peuvent-elles servir? Est-ce qu'un des lecteurs de ce livre me fera faire un manteau ? Est-ce qu'il m'achètera des bottes neuves? — Non, Varinka, il lira l'histoire jusqu'au bout, et il demandera la suite. Parfois vous vous dérobez à tous les regards, vous vous cachez comme si vous étiez coupable, vous craignez de montrer votre nez n'importe où, parce que vous avez peur des cancans, parce qu'on profite des moindres circonstances pour vous blaguer, et voilà que toute votre vie publique et privée est mise dans un livre; voilà que tout est imprimé, lu, bafoué, critiqué! Mais c'est à ne plus oser sortir, car le portrait est d'une ressemblance si frappante que maintenant on nous reconnaîtra rien qu'à la démarche ! Encore si, à la fin, l'auteur était revenu à de meilleurs sentiments; s'il avait un peu adouci les couleurs, si, par exemple, après avoir dit qu'on faisait pleuvoir de petits morceaux de papier sur la tête de l'employé, il avait ajouté que néanmoins c'était un homme vertueux, un bon citoyen, qu'il ne méritait pas d'être ainsi traité par ses collègues, qu'il obéissait à ses supérieurs (au point de pouvoir être cité comme exemple), qu'il ne souhaitait de mal à personne, qu'il croyait en Dieu, et que sa mort (s'il voulait à toute force le faire mourir) — avait causé des regrets! Mais le mieux eût été de laisser vivre le pauvre diable et de faire en sorte que son manteau se retrouvât, que Fédor Fédorovitch (je parle comme s'il s'agissait de moi) — que ce général, mieux renseigné sur les vertus de l'employé, voulût l'avoir dans sa chancellerie, le fît monter en grade et lui donnât des appointements convenables; de cette façon, voyez-vous, le mal aurait été puni, la vertu aurait été récompensée, et les autres scribes, les camarades du pauvre homme, n'auraient eu tous qu'à se fouiller. Moi, par exemple, voilà le dénoûment que j'aurais imaginé. Autrement, qu'y a-t-il de particulier dans ce récit? quel mérite a-t-il ? Ce n'est qu'un fait banal de la vie courante. Et comment vous êtes-vous décidée à m'envoyer un pareil livre, ma chère? Mais c'est un ouvrage malintentionné, Varinka ; c'est tout bonnement invraisemblable, car il ne peut même pas se faire qu'il y ait un pareil employé. Non, je me plaindrai, Varinka, je déposerai une plainte en bonne forme.

Votre très-humble serviteur

Makar Diévouchkine.

27 juillet.

Monsieur Makar Alexéiévitch !

Les derniers incidents, ainsi que vos lettres, m'avaient inquiétée, saisie ; je n'y comprenais rien, mais les récits de Fédora m'ont tout expliqué. Pourquoi donc vous êtes-vous désespéré ainsi et êtes-vous tombé tout d'un coup dans cet abîme, Makar Alexéiévitch ? Vos explications ne m'ont nullement satisfaite. Eh bien, n'avais-je pas raison de vouloir prendre la place lucrative qu'on me proposait ? En outre, ma dernière aventure m'inquiète sérieusement. Vous dites que votre affection pour moi vous a amené à me cacher la vérité. Je me voyais déjà grandement votre obligée dans le temps même où vous prétendiez ne dépenser pour moi que de l'argent mis en réserve par vous et déposé à tout hasard au lombard. Maintenant, ayant appris que vous n'aviez pas du tout d'argent, que, touché de ma malheureuse position dont vous avez eu connaissance par hasard, vous vous êtes décidé à dépenser votre traitement après l'avoir touché par anticipation, et que vous avez même vendu vos vêtements à l'époque de ma maladie, — maintenant, par le fait de cette découverte, je me trouve dans une situation si pénible que je ne sais encore ni comment prendre tout cela, ni qu'en penser. Ah! Makar Alexéiévitch! Après les premiers bienfaits que vous avaient inspirés la compassion et les sentiments de famille, vous auriez dû vous arrêter et ne pas dépenser ensuite votre argent pour des choses inutiles. Vous avez trahi notre amitié, Makar Alexéiévitch, car vous n'avez pas été franc avec moi, et à présent, quand je vois que vous avez sacrifié vos dernières ressources pour m'offrir des toilettes, des bonbons, des promenades, des billets de théâtre, des livres, — à présent, je déplore avec amertume mon impardonnable étourderie, car j'acceptais tous vos cadeaux sans me mettre en peine de vous, et tout ce par quoi vous vouliez me faire plaisir s'est changé maintenant en chagrin pour moi et n'a laissé après soi que des regrets stériles. J'avais remarqué votre anxiété dans ces derniers temps, et quoique moi-même j'attendisse anxieusement quelque chose, j'étais loin de prévoir ce qui vient d'arriver. Comment! votre moral a pu fléchir à ce point-là, Makar Alexéiévitch ! Mais que penseront maintenant, que vont dire de vous tous ceux qui vous connaissent? Vous que j'estimais, que tout le monde estimait pour votre bonté d'âme, votre retenue et votre sagesse, vous vous êtes maintenant jeté tout d'un coup dans un vice hideux auquel, je crois, vous n'aviez jamais été sujet auparavant! Que suis-je devenue lorsque Fédora m'a raconté qu'on vous avait trouvé dans la rue en état d'ivresse et que la police vous avait ramené chez vous! Je suis restée stupéfaite d'étonnement, quoique je m'attendisse à quelque chose d'extraordinaire, vu que depuis quatre jours vous aviez disparu. Mais avez-vous pensé, Makar Alexéiévitch, à ce que diraient vos chefs en apprenant la vraie cause de votre absence? Vous dites que tout le monde se moque de vous, que tout le monde est instruit de notre liaison, et que vos voisins, dans leurs plaisanteries, associent mon nom au vôtre. Ne faites pas attention à cela, Makar Alexéiévitch, et, pour l'amour de Dieu, tranquillisez-vous. Je suis inquiète aussi de votre histoire avec ces officiers; j'en ai entendu parler vaguement. Expliquez-moi ce que tout cela signifie. Vous écrivez que vous n'avez pas osé vous ouvrir à moi, que vous aviez peur de perdre mon amitié si vous m'avouiez la vérité; que vous étiez au désespoir, ne sachant comment me venir en aide dans ma maladie; que vous avez tout vendu pour subvenir à mes besoins et m'empêcher d'aller à l'hôpital; que vous avez fait le plus de dettes possible, et que vous avez chaque jour des désagréments avec votre logeuse; — mais en me cachant tout cela, vous aviez pris le parti le plus mauvais. Maintenant, du reste, j'ai tout appris. Par délicatesse, vous vouliez me laisser ignorer que j'étais la cause de votre malheureuse situation, et maintenant vous m'avez fait deux fois plus de chagrin par votre conduite. Tout cela m'a saisie, Makar Alexéiévitch. Ah! mon ami! le malheur est une maladie contagieuse. Les malheureux, les pauvres, doivent se garer les uns des autres pour ne pas aggraver leur mal. Je vous ai apporté des maux que vous n'aviez pas encore éprouvés dans votre existence modeste et solitaire. Tout cela me tourmente et me tue.

Maintenant écrivez-moi avec une entière franchise ce qui vous est arrivé et comment vous en êtes venu à vous comporter ainsi. Tranquillisez-moi, si c'est possible. Ce n'est pas mon amour-propre qui vous demande maintenant ces éclaircissements, mais mon amitié et mon amour pour vous; sentiments que rien n'effacera de mon cœur. Adieu. J'attends votre réponse avec impatience. Vous m'avez mal jugée, Makar Alexéiévitch.

Votre sincèrement affectionnée

VARVARA DOBROSÉLOFF.

28 juillet.

MON INAPPRÉCIABLE VARVARA ALEXÉIEVNA !

Allons, puisque maintenant tout est fini, et que peu à peu tout rentre dans l'état normal, voici ce que je vous dirai, matotchka : vous vous inquiétez de ce qu'on pensera de moi ; à cela je m'empresse de répondre, Varvara Alexéievna, que ma réputation m'est on ne peut plus chère. C'est pourquoi, en vous informant de mes malheurs et de mes désordres, j'ajoute que parmi mes chefs aucun ne sait encore et ne saura jamais rien, en sorte que tous continueront à m'estimer comme par le passé. Je ne crains qu'une chose : j'ai peur des cancans. A la maison, la logeuse seulement crie ; mais maintenant que, grâce à vos dix roubles, je lui ai payé une partie de ma dette, elle se contente de grogner, et rien de plus. Quant aux autres, ils ne disent rien ; seulement il ne faut pas essayer de leur emprunter de l'argent, à cela près ils se taisent. Pour en finir avec mes explications, je vous dirai, matotchka, que je prise votre estime au-dessus de tout, et qu'elle est maintenant ma consolation dans mon désarroi momentané. Grâce à Dieu, le premier choc, le premier émoi est passé, et, à la façon dont vous avez pris cela, on voit que vous ne me considérez pas comme un ami perfide et égoïste, parce que je vous ai gardée auprès de moi et trompée, n'ayant pas la force de me séparer de vous et vous aimant comme mon petit ange. A présent je me suis remis avec zèle au service, et je recommence à exercer consciencieusement mon emploi. Evstafii Ivanovitch n'a pas dit un mot hier lorsque j'ai passé à côté de lui. Je ne vous cacherai pas, matotchka, que mes dettes et le mauvais état de ma garde-robe me tuent ; mais encore une fois ce n'est rien, et je vous supplie aussi de ne pas vous désespérer à ce sujet, matotchka. Vous m'envoyez un demi-rouble, Varinka, et ce demi-rouble m'a percé le cœur. Ainsi voilà où j'en suis maintenant, voilà où en sont venues les choses! C'est-à-dire que ce n'est pas moi, vieil imbécile, qui aide mon petit ange, c'est vous, ma pauvre petite orpheline, qui m'aidez! Fédora a bien fait d'apporter de l'argent. Jusqu'à présent je ne vois aucune possibilité de me procurer des fonds, matotchka; pour peu que quelque espoir s'offre à moi, je ne manquerai pas de vous en informer. Mais les cancans, les cancans m'inquiètent on ne peut plus. Adieu, mon petit ange. Je baise votre menotte et vous supplie de vous rétablir. Je n'entre pas dans plus de détails, parce que je n'ai que le temps d'aller à mon bureau : je veux, à force de zèle et de ponctualité, réparer tous les torts que je me suis donnés en négligeant mon service; je remets à ce soir le récit détaillé de tous les événements et de mon aventure avec les officiers.

Votre respectueux et sincèrement affectionné

MAKAR DIÉVOUCHKINE.

28 juillet.

Matotchka Varinka !

Eh! Varinka, Varinka! Cette fois, la faute est de votre côté, et le péché restera sur votre conscience. Par votre petite lettre vous avez troublé toutes mes idées, vous m'avez absolument dérouté, et ce n'est que maintenant, après avoir pénétré à loisir dans le fond de mon cœur, que j'ai vu que j'avais raison, parfaitement raison. Je ne parle pas de ma débauche (foin d'elle, matotchka, foin d'elle!), je parle de mon amour pour vous, lequel n'était nullement déraisonnable, nullement. Vous ne savez rien, matotchka; mais voyez-vous, si vous saviez seulement d'où vient tout cela, pourquoi je dois vous aimer, eh bien, vous ne parleriez pas ainsi. Ce que vous en dites, tous les raisonnements que vous me faites, c'est seulement pour la forme; mais je suis sûr qu'au fond vous ne pensez pas du tout cela.

Matotchka, je ne sais pas moi-même, je ne me rappelle pas bien tout ce qui s'est passé entre les officiers et moi. Je dois vous faire observer, mon petit ange, qu'antérieurement à cette affaire je me trouvais dans une agitation terrible. Figurez-vous que, depuis un mois déjà, je me cramponnais, pour ainsi dire, à un fil. Ma situation était atroce. Je vous le cachais et j'en faisais mystère aussi à la maison, mais ma logeuse criait et tapageait d'une façon épouvantable. Cela ne m'aurait encore rien fait. Qu'importent les criailleries d'une vilaine femme! Mais c'était un scandale; ensuite, elle avait appris, Dieu sait comment, notre liaison, et elle en menait un tel bruit dans toute la maison que je restais ahuri et me bouchais les oreilles. Mais le fait est que les autres ne se bouchaient pas les oreilles, et qu'au contraire ils les ouvraient toutes grandes. Maintenant encore, matotchka, je ne sais où me sauver...

Et voilà, mon petit ange, tout cela, tout cet ensemble de tribulations diverses m'avait décidément poussé à bout. Tout d'un coup j'apprends par Fédora d'étranges choses : un poursuivant indigne s'est présenté chez vous et vous a insultée par une proposition indigne; cet homme vous a offensée, profondément offensée; j'en juge par moi-même, matotchka, car moi aussi je me suis senti profondément offensé.

9.

Alors, mon petit ange, la raison m'a quitté, alors j'ai perdu la tête, et c'en a été fait de moi. Mon amie Varinka, je suis sorti précipitamment de la maison, en proie à une fureur inouïe, pour me rendre chez ce séducteur. Je ne savais même pas ce que je voulais faire : c'est que je n'entends pas qu'on vous offense, mon petit ange ! Allons, c'était triste ! Et dans ce moment-là il pleuvait, il faisait un temps mou, j'éprouvais un chagrin terrible !... Je voulais rebrousser chemin... Alors eut lieu ma chute, matotchka. Je rencontrai Emilian, Emilian Ilitch ; c'est un employé, ou plutôt c'était un employé, mais maintenant il ne l'est plus, car on lui a ôté l'emploi qu'il avait chez nous. Je ne sais même pas ce qu'il fait à présent ; il traîne la misère. Voilà que nous partons ensemble. Ensuite... — mais que vous importe cela, Varinka ? Quel plaisir pouvez-vous trouver à lire les malheurs de votre ami, ses infortunes et les tentations qu'il a subies ? — Le surlendemain dans la soirée, poussé par Emilian, je me rendis chez l'officier. J'avais demandé son adresse à notre dvornik. Soit dit en passant, matotchka, il y avait longtemps que je surveillais ce jeune homme ; j'avais déjà l'œil sur lui quand il demeurait dans notre maison. Maintenant je vois que j'ai commis une inconvenance, car je n'étais pas dans mon état normal lorsque je lui ai fait visite. Vraiment, Varinka, je ne me souviens de rien, je me rappelle seulement qu'il y avait chez lui beaucoup d'officiers, ou bien j'ai vu double, — Dieu le sait. Je ne me rappelle pas non plus ce que j'ai dit, je sais seulement que dans ma noble indignation j'ai beaucoup parlé. Eh bien, ils m'ont mis à la porte, ils m'ont même fait dégringoler l'escalier, je veux dire qu'on m'a expulsé brutalement, car on ne m'a pas tout à fait jeté en bas de l'escalier. Vous savez, Varinka, comment je suis revenu; voilà tout. Sans doute je me suis dégradé, et ma dignité a souffert, mais personne ne le sait; aucun étranger ne le sait, excepté vous. Eh bien, mais en ce cas c'est tout comme si cela n'avait pas eu lieu. Peut-être en est-il ainsi, Varinka; qu'en pensez-vous? Ce que je sais de science certaine, c'est que chez nous, l'année dernière, Axentii Osipovitch a, de la même façon, porté atteinte à la dignité personnelle de Pierre Pétrovitch, mais en secret, il a fait cela secrètement. Il l'a invité à entrer dans la chambre de l'appariteur, — j'ai tout vu par une fente, — et là il l'a traité de la belle façon ; mais il s'y est pris noblement, car personne n'a été témoin de la scène, excepté moi, et moi, ce n'est rien ; je veux dire que je ne l'ai raconté à personne. Eh bien, après cela rien n'a été changé dans les rapports de Pierre Pétrovitch et d'Axentii Osipovitch. Pierre Pétrovitch, vous savez, est un homme qui a beaucoup d'amour-propre : il n'a confié cela à personne, en sorte que maintenant encore ils se saluent et se serrent la main. Je ne conteste rien, Varinka, je ne me permets pas de discuter avec vous ; je suis profondément déchu, et ce qu'il y a de pire, c'est que j'ai perdu dans ma propre estime ; mais assurément il était écrit que cela m'arriverait ; c'était, pour sûr, dans ma destinée, et l'on n'échappe pas à sa destinée, vous le savez vous-même. Eh bien, voilà le compte rendu détaillé de mes malheurs et adversités, Varinka. — Je suis un peu souffrant, matotchka, et j'ai perdu toute vivacité d'esprit. En conséquence, vous attestant maintenant mon attachement, mon amour et mon estime, je reste, mademoiselle Varvara Alexéievna,

Votre très-humble serviteur

Makar Diévouchkine.

29 juillet.

Monsieur Makar Alexéiévitch !

J'ai lu vos deux lettres, et j'ai tant gémi en les lisant ! Écoutez, mon ami, ou vous me cachez quelque chose et ne m'avez écrit qu'une partie seulement de vos ennuis, ou... vraiment, Makar Alexéiévitch, vos lettres témoignent encore d'un certain désarroi... Venez me voir, pour l'amour de Dieu, venez aujourd'hui ; mais écoutez, vous savez, venez sans façon dîner chez nous. Je ne sais même pas comment vous vivez là et comment vous vous êtes arrangé avec votre logeuse. Vous ne me dites rien de tout cela, et il semble que vous vous taisiez là-dessus avec intention. Ainsi, au revoir, mon ami, ne manquez pas de passer chez nous aujourd'hui ; mais vous feriez mieux de venir tous les jours dîner chez nous. Fédora fait très-bien la cuisine. Adieu.

Votre

Varvara Dobroséloff.

1er août.

Matotchka, Varvara Alexéievna !

Vous êtes bien aise, matotchka, que Dieu vous ait fourni l'occasion de rendre le bien pour le bien et de me payer de retour. Je le crois, Varinka, je crois à la bonté de votre angélique petit cœur, mais ce n'est pas un blâme que je vous adresse, — seulement ne me reprochez plus, comme autrefois, d'être devenu dissipateur sur mes vieux jours. Allons, j'ai commis cette faute, qu'y faire ? — Si vous voulez absolument qu'il y ait là un péché, soit : seulement voilà, venant de vous, ma petite amie, ce langage m'est pénible à entendre. Ne vous fâchez pas de ce que je vous dis ; j'ai le cœur tout malade, matotchka. Les pauvres gens sont capricieux ; — la nature l'a voulu ainsi. Je m'en étais déjà aperçu auparavant. Lui, l'homme pauvre, il est soupçonneux ; il a même une façon particulière de considérer le monde, il observe du coin de l'œil chaque passant, promène autour de lui un regard inquiet, et prête l'oreille à chaque mot, se figurant toujours qu'on parle de lui, qu'on critique son extérieur piteux. Et chacun sait, Varinka, que l'homme pauvre est pire qu'un chiffon, qu'il ne peut jouir d'aucune considération, quoi qu'on écrive! Oui, quoi qu'ils écrivent, ces barbouilleurs de papier, la situation de l'homme pauvre ne changera pas. Et pourquoi donc restera-t-elle la même? Mais parce que, suivant eux, tout chez l'homme pauvre doit être mis au grand jour, parce qu'il lui est défendu d'avoir sa vie privée, sa dignité personnelle. Tenez, Emilian m'a dit l'autre jour qu'on a fait quelque part une souscription en sa faveur, et que pour chaque pièce de dix kopeks il a eu à subir une sorte d'inspection officielle. Les gens ont cru lui donner leurs grivenniks à titre gratuit, mais pas du tout : ils se sont payé avec cet argent le spectacle d'un homme pauvre. A présent, matotchka, la charité elle-même se fait d'une drôle de façon... mais peut-être qu'il en a toujours été ainsi, qui sait? Ou l'on ne sait pas s'y prendre, ou l'on est fort habile, — c'est l'un des deux. Vous ne saviez peut-être pas cela; eh bien, je vous l'apprends! A d'autres égards notre ignorance est grande, mais sur cette question nous sommes ferrés! Et comment l'homme pauvre sait-il tout cela? Pourquoi nourrit-il de telles pensées? Pourquoi? — Eh bien, mais parce qu'il a l'expérience! Parce qu'il sait, notamment, que, quand il entre dans un restaurant quelconque, il y a à côté de lui un monsieur qui se dit : « Ce gueux d'employé, que va-t-il manger aujourd'hui? Moi, je vais m'offrir un sauté papillote, et lui, il mangera peut-être du kacha sans beurre. » — Mais qu'est-ce que ça lui fait que je mange du kacha sans beurre? Il y a des gens, Varinka, il y en a qui ne pensent qu'à cela. Et ils vont regarder, ces inconvenants libellistes, si vous posez toute la plante du pied sur le pavé ou si vous ne marchez que sur la pointe; ils remarquent que tel employé de telle division, tel conseiller titulaire a des bottes à travers lesquelles on voit passer à nu ses orteils, qu'il porte un habit troué aux coudes; ensuite ils mettent tout cela par écrit et ils font imprimer ces vilenies... Et que vous importe si mon habit est percé aux coudes? Oui, si vous me pardonnez, Varinka, une comparaison grossière, je vous dirai que l'homme pauvre éprouve à cet égard un sentiment analogue, par exemple, à votre pudeur virginale. Vous ne voudriez pas, — excusez la grossièreté du mot, — vous déshabiller devant tout le monde; de même l'homme pauvre n'aime pas qu'un regard indiscret se glisse dans son chenil et examine comment il y vit : — voilà. Pourquoi alors m'avoir offensé, Varinka, conjointement avec mes ennemis qui attentent à l'honneur et à la dignité d'un honnête homme?

Aujourd'hui, au bureau, j'avais tellement l'air d'un ours sans poil ou d'un moineau sans plumes que pour un peu j'aurais rougi de honte en me regardant. J'étais confus, Varinka! Oui, vous vous sentez naturellement gêné quand vos coudes passent à travers votre vêtement et quand vos boutons ne tiennent plus qu'à un fil. Tel était justement le désordre de ma mise! Malgré soi on est intimidé. Quoi!... Stépan Karlovitch lui-même s'est mis aujourd'hui à me causer d'affaires; il a parlé, parlé, puis, comme par hasard, a ajouté : « Eh, vous, batuchka Makar Alexéiévitch! » Il n'a pas achevé sa pensée, mais j'ai tout compris et je suis devenu pourpre, à ce point que la partie chauve de mon crâne a elle-même rougi. Au fond, ce n'est rien, mais c'est tout de même inquiétant. Cela suggère de graves réflexions. N'ont-ils pas déjà appris quelque chose? A Dieu ne plaise! Voyons, comment auraient-ils pu être informés? J'avoue que j'ai des soupçons, il y a un petit homme que je soupçonne fort. Ces scélérats sont capables de tout! Ils vous trahiraient! Ils vendraient toute votre vie privée pour moins d'un groch! Rien n'est sacré pour eux!

Je sais maintenant qui m'a joué ce tour : c'est un coup de Ratazaïeff. Il connaît quelqu'un dans notre division, et sans doute, en causant, il lui a raconté la chose avec des détails de son invention; ou bien il a parlé de cela dans sa division, et petit à petit l'histoire s'est répandue dans la nôtre. A la maison, tout le monde est parfaitement instruit de tout, et l'on montre du doigt votre fenêtre; je sais qu'on la montre. Hier, quand je suis allé dîner chez vous, toutes les têtes se sont mises aux fenêtres. « C'est l'union d'un diable avec un enfant », a dit la logeuse, et elle vous a ensuite appliqué une expression inconvenante. Mais tout cela n'est rien à côté de l'infâme projet de Ratazaïeff : il veut nous fourrer, vous et moi, dans sa littérature, écrire sur nous une fine satire; lui-même l'a dit, et de bonnes gens, des employés de notre division, me l'ont répété. Je ne puis même penser à rien, matotchka, et je ne sais à quoi me résoudre. Il n'y a pas à le cacher, nous avons irrité le Seigneur Dieu, mon petit ange! Vous vouliez, matotchka, m'envoyer un livre pour me désennuyer. Foin de ce livre, matotchka! Qu'est-ce que c'est qu'un livre? C'est un conte à dormir debout! Un roman est une absurdité écrite dans un but absurde, pour faire passer le temps à des désœuvrés : croyez-moi, matotchka, croyez-en ma longue expérience. Dans leurs réunions, ils vous rabattent les oreilles d'un certain Shakespeare : « Voyez-vous, disent-ils, dans la littérature il y a Shakespeare... » Eh bien, Shakespeare aussi est absurde, tout cela n'est que de l'absurdité, tout cela n'est fait que pour ridiculiser les gens!

Votre

Makar Diévouchkine.

2 août.

Monsieur Makar Alexéiévitch!

Ne vous inquiétez de rien; avec l'aide du Seigneur Dieu, tout s'arrangera. Fédora a trouvé un tas d'ouvrage pour elle et pour moi, et nous nous sommes mises joyeusement à la besogne; peut-être que nous remédierons à tout. Elle soupçonne Anna Fédorovna de n'être pas étrangère à mes derniers désagréments; mais maintenant cela m'est égal. Aujourd'hui, je suis plus gaie que de coutume. Vous voulez emprunter de l'argent; — le Seigneur vous en préserve! Plus tard, vous aurez des embarras par-dessus la tête, quand il faudra rembourser. Rapprochez-vous plutôt de nous, venez nous voir plus souvent, et ne vous occupez pas de votre logeuse. Quant à vos autres ennemis, aux autres personnes malintentionnées à votre égard, je suis sûre que vous vous forgez des inquiétudes sans fondement, Makar Alexéiévitch! Faites-y attention; je vous ai dit la dernière fois que votre style témoignait d'un trouble extraordinaire. Allons, adieu, au revoir. Je compte absolument sur votre visite.

Votre
V. D.

3 août.

Mon petit ange, Varvara Alexéievna!

Je m'empresse de vous informer, ma chère vie, que j'ai conçu certaines espérances. Mais permettez, ma petite fille, — vous m'écrivez, mon petit ange, de ne pas faire d'emprunt. Ma chérie, il est impossible de s'en passer ; mes affaires sont en mauvais état, et j'ai peur que les vôtres ne viennent aussi à se gâter tout d'un coup ! Vous n'êtes pas forte ; c'est pour vous dire qu'un emprunt est absolument nécessaire. Eh bien, maintenant je continue.

Je vous ferai remarquer, Varvara Alexéievna, qu'au bureau je suis assis à côté d'Emilian Ivanovitch. Ce n'est pas l'Emilian que vous connaissez. Celui dont je parle est, comme moi, conseiller titulaire, et nous sommes peut-être les deux plus anciens employés de toute notre division. C'est une bonne âme, une âme désintéressée ; mais il est fort peu causeur, et il a toujours l'air d'un vrai ours. En revanche, il sait son affaire, il possède la pure écriture anglaise, et, s'il faut dire toute la vérité, il n'écrit pas plus mal que moi, — c'est un digne homme ! Je n'avais jamais été lié intimement avec lui, nous nous disions seulement : « Bonjour », et « Adieu », selon l'usage ; parfois, si j'avais besoin d'un canif, il m'arrivait de lui demander : « Emilian Ivanovitch, prêtez-moi votre canif » ; en un mot, nous n'avions ensemble que les rapports exigés par la vie commune. Voilà qu'aujourd'hui il me dit : « Makar Alexéiévitch, pourquoi êtes-vous devenu si soucieux? » Je vois que cet homme me veut du bien et je m'ouvre à lui : « C'est à cause de telle et telle chose, Emilian Ivanovitch... » Bien entendu, je ne lui dis pas tout, et Dieu me préserve de le lui dire jamais, je n'en aurais pas la force; je lui confiai seulement en termes généraux que j'étais gêné, etc. « Mais, batuchka, vous devriez emprunter », reprit Emilian Ivanovitch; « vous pourriez, tenez, vous adresser à Pierre Pétrovitch, il prête à intérêt; je lui ai emprunté de l'argent; ses conditions sont raisonnables; il ne demande pas un intérêt exorbitant. » A ces mots, Varinka, mon cœur sauta dans ma poitrine. Peut-être, pensai-je, le Seigneur inspirera une bonne pensée à Pierre Pétrovitch, et il consentira à me prêter. Déjà je décide en moi-même comment j'emploierai cet argent : je réglerai ma logeuse, je vous viendrai en aide, et je remonterai ma garde-robe, car c'est une honte de porter de pareils vêtements; assis à ma place, je suis comme sur des épines, sans compter que nos loustics se moquent de moi; que Dieu les assiste! Et puis Son Excellence passe quelquefois devant notre table ; si, ce qu'à Dieu ne plaise, elle jetait les yeux sur moi et remarquait l'inconvenance de ma mise ! Le principal pour elle, c'est la propreté, la correction de la tenue. Elle ne dirait peut-être rien, mais je mourrais de honte, — voilà ce qui arriverait. En conséquence, prenant mon courage à deux mains et mettant bas toute pudeur, j'allai trouver Pierre Pétrovitch ; j'étais plein d'espoir, et en même temps l'attente me causait des transes mortelles. Eh bien, quoi, Varinka, tout se termina bêtement ! Il était occupé, il causait avec Fédosii Ivanovitch. Je l'abordai de côté, et, le tirant par sa manche : « Pierre Pétrovitch, eh, Pierre Pétrovitch ! » fis-je. Il se retourna. Je lui dis que j'étais dans telle situation, que j'avais besoin de trente roubles, etc. D'abord, il ne me comprit pas, puis, quand je lui eus tout expliqué, il se mit à rire, mais ne proféra pas une parole. Je lui renouvelai ma demande. Alors il me posa la question : « Avez-vous un gage ? » Après quoi, il s'enfonça dans ses paperasses, commença à écrire et ne me regarda plus. « Non, Pierre Pétrovitch », répondis-je un peu déconcerté, « je n'ai pas de gage ; mais sitôt que j'aurai touché mes appointements, je vous rembourserai, vous pouvez y compter; je me ferai un devoir de vous payer immédiatement. » Sur ces entrefaites quelqu'un l'appela, j'attendis son retour; dès qu'il fut rentré, il se mit à tailler une plume et parut ne faire aucune attention à moi. Je revins à la charge : « Pierre Pétrovitch, ne pouvez-vous pas me prêter quelque argent? » Il garde le silence et a l'air de ne pas m'entendre. Je ne me décide pas encore à quitter la place. Allons, me dis-je, je vais faire une dernière tentative, et je le tire par sa manche. Il ne desserre pas les lèvres, taille une plume et se met à écrire; je finis par me retirer. Voyez-vous, matotchka, ils peuvent être tous des gens dignes, mais ils sont fiers, très-fiers! Qu'avons-nous à faire d'eux, Varinka? Voilà où j'en voulais venir en vous écrivant tout cela. — Emilian Ivanovitch s'est aussi mis à rire et a hoché la tête, mais il m'a réconforté par des paroles cordiales. Emilian Ivanovitch est un digne homme. Il a promis, Varinka, de me recommander à quelqu'un qui demeure rue de Viborg et qui prête aussi à intérêt; c'est un employé de la quatorzième classe. Emilian Ivanovitch dit que celui-là me prêtera certainement. Demain j'irai le voir, n'est-ce pas, mon petit ange ? Qu'en pensez-vous ? C'est un malheur de ne pouvoir se procurer de l'argent ! Ma logeuse est sur le point de me mettre à la porte, et elle refuse de me donner à dîner. Et puis mes bottes sont en si mauvais état, matotchka ; et puis je n'ai pas de boutons, et puis il y a encore bien des choses que je n'ai pas ! Si un de mes chefs remarquait combien ma toilette laisse à désirer ! C'est un malheur, Varinka, un malheur, un vrai malheur !

Makar Diévouchkine.

4 août.

Cher Makar Alexéiévitch !

Pour l'amour de Dieu, Makar Alexéiévitch, empruntez une somme quelconque le plus tôt possible ; pour rien au monde je ne vous demanderais de m'aider au milieu de vos embarras présents, mais si vous saviez quelle est ma position ! Il nous est absolument impossible de rester dans ce logement. Il m'est survenu des désagréments terribles, et si vous saviez dans quel émoi, dans quelle agitation je me trouve maintenant ! Figurez-vous, mon ami : ce matin est venu chez nous un inconnu, un homme d'un certain âge, presque un vieillard, décoré de plusieurs ordres. J'ai été fort étonnée, ne comprenant pas ce qu'il nous voulait. Fédora était sortie pour aller faire une commission. Après m'avoir demandé comment je vivais et ce que je faisais, il a déclaré, sans attendre ma réponse, qu'il était l'oncle de cet officier; qu'il était très-fâché contre son neveu à cause de sa mauvaise conduite et parce qu'il nous avait déconsidérées dans toute la maison; il a traité son neveu de gamin et d'étourdi, et s'est dit prêt à me prendre sous sa protection; il m'a engagée à ne pas écouter les jeunes gens; il a ajouté qu'il s'intéressait à moi comme un père, qu'il nourrissait à mon égard des sentiments paternels, et qu'il était disposé à m'aider de toute façon. J'étais toute rouge, je ne savais que penser, mais je ne me pressais pas de le remercier. Il m'a pris la main malgré moi, m'a tapoté la joue, a dit que j'étais fort jolie et que mes petites fossettes lui plaisaient beaucoup (Dieu sait les propos qu'il m'a tenus!); à la fin, il a voulu m'embrasser, disant qu'il était déjà un vieillard (il était si laid!). — Alors est entrée Fédora. Son arrivée a un peu troublé le visiteur;

ensuite, reprenant la parole, il a dit qu'il se sentait de l'estime pour moi à cause de ma modestie et de ma moralité, et qu'il désirait vivement que je ne l'évitasse point. Après quoi, il a pris à part Fédora, et, sous un prétexte étrange, il a voulu lui donner de l'argent. Bien entendu, Fédora ne l'a pas accepté. Finalement il s'est mis en devoir de se retirer, a renouvelé toutes ses assurances précédentes, a dit qu'il viendrait me voir encore et qu'il m'apporterait des boucles d'oreilles (il paraissait lui-même fort troublé); il m'a invitée à changer de logement et m'a recommandé un bel appartement qu'il avait en vue et qui ne me coûterait pas cher; il a dit qu'il m'aimait beaucoup parce que j'étais une jeune fille honnête et sage; il m'a conseillé de prendre garde aux jeunes gens débauchés, et enfin il a déclaré qu'il connaissait Anna Fédorovna, et qu'Anna Fédorovna l'avait chargé de me dire qu'elle-même me ferait visite. Alors j'ai tout compris. Je ne sais ce qui s'est passé en moi; c'était la première fois de ma vie que je me voyais dans une situation semblable; je n'ai pu me contenir; je l'ai accablé des reproches les plus insultants. Fédora s'est jointe à moi et l'a presque jeté à la porte. Nous avons jugé que tout cela était l'œuvre d'Anna Fédorovna; qui donc, sinon elle, aurait pu le renseigner sur notre compte?

Maintenant, j'ai recours à vous, Makar Alexéiévitch, et j'implore votre assistance. Ne m'abandonnez pas, pour l'amour de Dieu, dans une situation pareille! Empruntez; je vous en prie, procurez-vous si peu d'argent que ce soit, nous n'avons pas le moyen de déménager, et il est absolument impossible que nous restions plus longtemps ici : c'est aussi l'avis de Fédora. Il nous faut au moins vingt-cinq roubles; je vous rendrai cet argent; je le gagnerai par mon travail; Fédora doit encore me procurer de l'ouvrage sous peu; si donc on vous demande un gros intérêt, que cela ne vous arrête pas, souscrivez à toutes les conditions qu'on vous proposera. Je vous rembourserai intégralement, mais, pour l'amour de Dieu, ne me laissez pas sans secours. Il m'en coûte beaucoup d'ajouter de nouveaux embarras à ceux au milieu desquels vous vous débattez présentement; mais en vous seul est tout mon espoir! Adieu, Makar Alexéiévitch, pensez à moi, et Dieu veuille que vous réussissiez!

V. D.

4 août.

Ma chère Varvara Alexéievna !

Tous ces coups imprévus m'ébranlent, moi aussi ! De si affreux malheurs brisent aussi mon âme ! Ce n'est pas vous seule, mon petit ange, que ce tas de lèche-plats et de vieux drôles veut conduire sur un lit de douleur, c'est aussi ma perte qu'ils veulent, ces pique-assiettes. Et ils me feront périr, je jure qu'ils me feront périr ! Tenez, maintenant je mourrais plutôt que de ne pas vous venir en aide ! — Si je ne vous secours pas, c'est ma mort, Varinka, ma mort, je vous le dis positivement, et si je vous secours, alors vous vous éloignerez de moi, le petit oiseau s'envolera du nid menacé par ces hibous, ces oiseaux de proie. Voilà ce qui fait mon supplice, matotchka. Mais vous aussi, Varinka, que vous êtes cruelle ! Comment donc êtes-vous ainsi ? On vous tourmente, on vous insulte, vous souffrez, mon petit oiseau, et vous vous affligez encore de l'embarras que vous êtes forcée de me donner, et vous promettez de vous acquitter grâce à votre travail, c'est-à-dire qu'avec votre faible santé vous vous tuerez pour me mettre en mesure de payer à l'échéance. Mais voyons, Varinka, pensez un peu à ce que vous dites! Pourquoi donc coudre, pourquoi donc travailler, fatiguer de soucis votre pauvre petite tête, user vos jolis yeux et détruire votre santé? Ah! Varinka, Varinka! Voyez-vous, ma chérie, je ne suis bon à rien, et je sais moi-même que je ne suis bon à rien; mais je ferai en sorte d'être bon à quelque chose! Je viendrai à bout de tout, je me procurerai moi-même du travail en dehors de mon service, je ferai des copies pour des littérateurs, j'irai les trouver, j'irai moi-même leur demander de l'ouvrage, parce que, matotchka, ils recherchent les bons copistes, je sais qu'ils les recherchent. Mais je ne souffrirai pas que vous vous détruisiez; je ne vous laisserai pas mettre à exécution un si funeste dessein. J'emprunterai, mon petit ange, vous pouvez en être sûre; je mourrai plutôt que de ne pas emprunter. N'ayez pas peur, m'écrivez-vous, de payer un gros intérêt. Je n'aurai pas peur, matotchka, je n'aurai pas peur; à présent je n'ai peur de rien. Je compte, matotchka, demander quarante roubles papier;

n'est-ce pas beaucoup, Varinka ? Qu'en pensez-vous ? Peut-on sur ma bonne mine me prêter quarante roubles ? Je veux dire : me croyez-vous capable d'inspirer à première vue confiance dans ma solvabilité ? D'après ma physionomie, peut-on, au premier coup d'œil, me juger favorablement ? Rappelez-vous mes traits, mon petit ange, ai-je une tête à rassurer un usurier ? Quelle est votre opinion là-dessus ? Savez-vous, on éprouve une telle frayeur, une crainte maladive, c'est le mot, maladive ! Sur ces quarante roubles, vingt-cinq seront pour vous, Varinka ; je donnerai deux roubles d'argent à ma logeuse, et le reste, je le dépenserai pour mon usage personnel. Voyez-vous, il conviendrait de donner un peu plus à ma logeuse, ce serait même nécessaire ; mais représentez-vous ma situation, matotchka, passez en revue tous mes besoins, et vous verrez qu'il m'est absolument impossible de donner davantage ; par conséquent il n'y a pas à parler de cela, et il ne faut même pas y songer. Je dépenserai un rouble d'argent pour acheter des bottes ; je ne sais même pas si je pourrai aller demain au bureau avec les anciennes. Il me faudrait aussi une cravate, car celle que je porte me dure déjà depuis près d'un an ; mais comme vous avez promis de couper pour moi dans votre vieux tablier non-seulement une cravate, mais une chemisette, je n'ai pas non plus à m'occuper de cet article. Ainsi voilà l'affaire réglée quant aux bottes et à la cravate. Maintenant il y a les boutons, ma petite amie ! Vous conviendrez, mon petit chou, que je ne puis pas me passer de boutons ; et le bord de mon uniforme est effrangé à beaucoup de places ! Je tremble quand je pense que Son Excellence peut remarquer un pareil désordre et dire... — mais qu'importe ce qu'elle dira ? Je n'entendrai même pas ses paroles, matotchka, car je mourrai, je mourrai sur place, je mourrai de honte incontinent ; la seule idée de ses reproches me fera mourir ! — Oh, matotchka ! — Quand j'aurai paré à tous les besoins les plus urgents, il me restera encore trois roubles, ce sera pour vivre et pour acheter une demi-livre de tabac, car, mon petit ange, je ne puis me passer de tabac, et voilà déjà neuf jours que je n'ai pas fumé une seule pipe. J'aurais bien acheté cela sans vous en rien dire, mais je m'en fais scrupule. Là, vous êtes malheureuse, réduite aux plus cruelles privations, et moi, ici, je jouis de divers plaisirs ;

eh bien, je vous dis tout cela pour m'épargner des remords de conscience. Je vous l'avouerai sans détour, Varinka, je suis maintenant dans une position extrêmement pénible, c'est-à-dire que jamais il ne m'était rien arrivé de pareil. Ma logeuse me méprise, personne n'a de considération pour moi ; mon dénûment est terrible, j'ai des dettes ; au service où déjà auparavant mes camarades me faisaient des misères, il ne faut pas demander si maintenant ils me rendent la vie agréable, matotchka! Je cache soigneusement ma situation à tout le monde, je me dissimule moi-même, j'entre au bureau à la dérobée, en m'effaçant. C'est seulement à vous que j'ai le courage d'avouer l'état de mes affaires... Et s'il refuse de prêter?... Eh bien, non, Varinka, il vaut mieux ne pas penser à cela, ne pas se désoler d'avance par de pareilles idées. Ce que je vous en écris, c'est par précaution, pour que vous-même ne pensiez pas à cela et que vous ne vous mettiez pas martel en tête. Ah! mon Dieu, que deviendrez-vous alors! Il est vrai qu'en ce cas vous ne déménagerez pas et que je resterai votre voisin ; — mais non, car alors je ne reviendrai pas ici, j'irai me cacher quelque part, je disparaîtrai.

Au lieu de vous écrire une si longue lettre, j'aurais dû me faire la barbe ; quand on est rasé de frais, on a l'air plus convenable, et un extérieur comme il faut est toujours une recommandation. Allons, Dieu veuille que je réussisse ! Je vais faire une petite prière, et puis en route !

M. Diévouchkine.

5 août.

Très-cher Makar Alexéiévitch !

Si, du moins, vous ne vous désespériez pas ! L'affaire est déjà assez triste sans cela. — Je vous envoie trente kopeks d'argent ; c'est tout ce que je puis vous envoyer. Achetez-vous ce dont vous avez le plus besoin, de quoi aller tant bien que mal jusqu'à demain. Nous-mêmes il ne nous reste presque rien, et demain je ne sais pas comment nous ferons. C'est triste, Makar Alexéiévitch ! Du reste, ne vous affligez pas ; vous n'avez pas réussi ; eh bien, qu'y faire ? Fédora dit que ce n'est pas encore un malheur, que nous pouvons rester ici provisoirement, que même en déménageant nous ne ferons pas perdre notre piste, et que, s'ils le veulent, ils sauront bien nous découvrir partout. Oui, mais n'importe, à présent je ne me trouve plus bien dans ce logement. Si ce n'était pas si triste, je vous écrirais quelque chose.

Quel caractère étrange vous avez, Makar Alexéiévitch! Vous prenez tout trop à cœur; aussi serez-vous toujours un homme très-malheureux. Je lis attentivement toutes vos lettres, et je vois que dans chacune d'elles vous vous tourmentez à mon sujet et vous préoccupez de moi comme jamais vous ne vous êtes préoccupé de vous-même. Sans doute il n'y aura qu'une voix pour dire que vous avez bon cœur; mais moi je dis que vous avez trop bon cœur. Je vous donne un conseil d'ami, Makar Alexéiévitch. Je vous suis reconnaissante, très-reconnaissante de tout ce que vous avez fait pour moi; je sens très-bien tout cela; ainsi, jugez de ce que j'éprouve en voyant que maintenant encore, — après tous les malheurs dont j'ai été pour vous la cause involontaire, — maintenant encore vous ne vivez que de ma vie : de mes joies, de mes chagrins, de mon cœur! S'intéresser si vivement à autrui, prendre un tel souci des choses qui vous sont étrangères, c'est, en vérité, le moyen de se rendre très-malheureux. Aujourd'hui, quand vous êtes venu chez moi à votre retour du bureau, j'ai été effrayée en vous regardant. Vous étiez si pâle, si épouvanté, si désespéré! votre visage était méconnaissable, — et tout cela parce que vous aviez peur de me raconter votre insuccès, parce que vous craigniez de m'affliger, de me consterner; mais quand vous avez vu que ma physionomie était plutôt gaie, vous avez recouvré presque toute votre sérénité. Makar Alexéiévitch! ne vous désolez pas, ne vous désespérez pas, soyez plus raisonnable, — je vous en prie, je vous en conjure. Allons, vous verrez que tout ira bien, que les choses s'arrangeront pour le mieux; mais l'existence serait un fardeau pour vous, si votre vie devait être éternellement attristée par les peines d'autrui. Adieu, mon ami; je vous en supplie, ne vous inquiétez pas trop de moi.

V. D.

5 août.

Ma chère Varinka!

Allons, c'est bien, mon petit ange, c'est bien! Vous êtes d'avis que ce n'est pas encore un malheur si je n'ai pas trouvé à emprunter. Allons, c'est bien, je suis tranquille, je suis heureux pour ce qui vous concerne. Enchanté même de penser que vous ne m'abandonnerez pas, moi vieillard, et que vous resterez dans ce logement. S'il faut tout dire, eh bien, mon cœur a débordé de joie quand j'ai vu que vous parliez si bien de moi dans votre petite lettre et que vous rendiez pleine justice à mes sentiments. Je ne dis pas cela par orgueil, mais parce que je vois comme vous m'aimez, quand vous vous inquiétez ainsi de mon cœur. Allons, c'est bien; pourquoi parler maintenant de mon cœur? Laissons là le cœur; — mais vous m'ordonnez, matotchka, de bannir la pusillanimité. Oui, mon petit ange, moi aussi je me dis qu'il ne faut pas être pusillanime; mais avec tout cela, jugez vous-même, matotchka, comment serai-je chaussé demain pour aller au service? Voilà le fait, matotchka; et une idée pareille peut perdre un homme, le perdre complétement. Et surtout, ma chère, que ce n'est pas pour moi que je m'afflige, pour moi que je souffre; personnellement je m'en moque; quand je devrais sortir sans manteau et sans bottes par une gelée à pierre fendre, je supporterais fort bien cela, peu m'importe; je suis un homme du commun, un petit homme; — mais que diront les gens ? Mes ennemis, toutes ces mauvaises langues, que diront-ils en me voyant dehors sans manteau ? C'est pour les gens qu'on porte un manteau et qu'on met des bottes. Dans l'espèce, matotchka, ma petite âme, j'ai besoin de bottes pour soutenir mon honneur et ma bonne renommée; des chaussures trouées sont la ruine de l'un et de l'autre. — Croyez-le, matotchka, croyez-en ma longue expérience; je suis un vieillard, je connais le monde et les gens, écoutez-moi plutôt que d'écouter des barbouilleurs et des saligauds.

Mais, matotchka, je ne vous ai pas encore raconté en détail ma déconvenue d'aujourd'hui. J'ai enduré en une seule matinée plus de souffrances morales que d'autres n'en endurent dans le cours d'une année entière. Voici comment les choses se sont passées : — d'abord, je suis parti de bonne heure pour être sûr de le trouver chez lui et arriver à temps au bureau. Il pleuvait tellement, il faisait un temps si vilain aujourd'hui ! Je m'enveloppe dans mon manteau, ma petite belette, et, chemin faisant, je ne cesse de répéter mentalement : « Seigneur,

pardonne-moi mes péchés et exauce mes désirs! »
— En passant devant l'église de ***, je me signe, je fais un acte de contrition, mais je réfléchis que ce serait une indignité d'entrer en marché avec le Seigneur Dieu. Absorbé en moi-même, je ne voulais rien regarder, je ne remarquais pas le chemin que je suivais. Les rues étaient désertes, les rares passants qu'on rencontrait étaient tous des gens affairés, préoccupés, et ce n'est pas étonnant, du reste : qui va se promener à une heure si matinale et par un temps pareil? Je croise une artel[1] d'ouvriers sordidement vêtus; les rustres me bousculent! J'étais intimidé, je me sentais mal à l'aise, je ne voulais plus penser à la question d'argent. — Advienne que pourra! Tout près du pont de la Résurrection, une de mes semelles me quitte, si bien que je ne sais plus moi-même sur quoi je marche. Je rencontre sur ces entrefaites notre scribe Ermolaïeff; il s'arrête, se tient droit comme un soldat devant son chef, me suit des yeux, et a l'air de solliciter un pourboire. « Eh, mon ami, pensai-je, tu prends bien ton temps pour me demander cela! » J'étais terriblement

---

[1] Association de travailleurs qui mettent leurs gains en commun.

las, j'interrompis un instant ma marche et, après m'être un peu reposé, je me remis en route. Exprès je regardais autour de moi, cherchant où accrocher mon esprit; j'aurais voulu me distraire, me remonter un peu le moral, mais non; je ne pouvais fixer ma pensée sur rien et, pour comble, je me crottais au point que je me faisais honte à moi-même. A la fin j'aperçus de loin une maison de bois peinte en jaune, avec une mezzanine en forme de belvédère. — « Eh bien, me dis-je, ce doit être celle-là, c'est bien ainsi qu'Emilian Ivanovitch m'a décrit la maison de Markoff » (tel est, matotchka, le nom de l'homme qui prête à intérêt). Je ne me connaissais plus et, bien que n'ayant aucun doute, je ne laissai pas de questionner un sergent de ville : « A qui est cette maison, mon ami? » Le sergent de ville, un grossier personnage, me répond de mauvaise grâce, d'un air fâché : « C'est la maison de Markoff », grommelle-t-il entre ses dents. Tous ces sergents de ville sont si brutaux! Après tout, que m'importe un sergent de ville! Mais voilà, c'était tout de même une impression mauvaise, désagréable; bref, un détail s'ajoute à un autre; de tout vous tirez quelque chose de conforme à votre situation, et il en est toujours ainsi. A mesure que je me rapproche de la maison, je sens mon malaise s'accroître. — « Non, me dis-je, il ne prêtera pas, jamais de la vie il ne prêtera ! Je suis un inconnu pour lui, mon affaire est délicate, et je ne paye pas de mine... Allons, il en sera ce que Dieu voudra; je veux du moins n'avoir pas de reproches à me faire ensuite; on ne me mangera pas pour cela ! » — Et là-dessus j'ouvre la porte tout doucement. Mais alors autre malheur : un vilain, un stupide chien de cour se met à aboyer après moi, il fait un vacarme du diable ! Et voilà, ce sont ces misères, matotchka, ces menus accidents qui irritent toujours un homme, qui l'intimident et qui lui ôtent toute la résolution dont il s'était armé d'avance. J'entre dans la maison plus mort que vif, et une nouvelle mésaventure signale mon entrée : dans l'obscurité, je n'avais pas remarqué ce qu'il y avait devant moi sur le seuil; j'avance le pied et je trébuche contre une femme qui était en train de vider un seau de lait dans une cruche; tout le lait s'épanche par terre. La sotte femelle commence à crier : « Où vas-tu, batuchka ? Qu'est-ce qu'il te faut ? » Puis elle se répand en lamentations sur l'accident. Je note, matotchka, que toujours la même chose m'arrive chaque fois que je me trouve en pareilles circonstances; il faut croire que c'est dans ma destinée; invariablement je fais quelque malheur. Au bruit se montre une vieille sorcière, une logeuse finnoise. Je m'adresse aussitôt à elle : « C'est ici que demeure Markoff? » — « Non », répond-elle d'abord, et, après m'avoir bien examiné, elle demande : « Qu'est-ce que vous lui voulez? » Je donne des explications, je parle d'Emilian Ivanovitch, je dis que je viens pour une petite affaire, etc. La vieille appelle sa fille; arrive nu-pieds une petite fillette. « Va chercher ton père; il est en haut chez les locataires. — Donnez-vous la peine d'entrer. » Je passai dans une chambre qui n'offrait rien de remarquable; aux murs étaient accrochés des tableaux, tous portraits de généraux; il y avait un divan, une table ronde, un réséda, des balsamines. Je me demandais si, pour m'éviter des désagréments, je ne ferais pas bien de décamper. Oui, je vous l'assure, matotchka, j'avais envie de prendre la fuite! « Mieux vaut revenir demain, pensais-je, le temps sera meilleur, je vais laisser passer l'orage; — aujourd'hui le lait a été épanché, et les généraux ont l'air de si mau-

vaise humeur!... » Déjà je me dirigeais vers la porte quand parut Markoff, un homme tel quel, avec des cheveux blancs et de petits yeux rusés; il portait une robe de chambre crasseuse, une corde lui servait de ceinture. Il s'informa du motif de ma visite; je balbutiai que je venais de la part d'Emilian Ivanovitch, que j'avais besoin de quarante roubles... Je n'achevai pas; j'avais lu dans ses yeux que c'était une affaire manquée. « Non, répondit-il, je n'ai pas d'argent; mais avez-vous un gage? » J'expliquai à Markoff que je n'avais pas de gage, mais que je lui étais envoyé par Emilian Ivanovitch; en un mot, je dis ce qu'il y avait à dire. « Non, répliqua-t-il après m'avoir écouté jusqu'au bout; que m'importe Emilian Ivanovitch? Je n'ai pas d'argent. »
— « Allons, pensai-je, c'est comme cela, c'est toujours comme cela; je m'en doutais, je l'avais pressenti. » Positivement, Varinka, j'aurais voulu que la terre s'entr'ouvrît sous mes pieds; j'étais glacé, mes jambes s'engourdissaient, je sentais un fourmillement le long de l'épine dorsale. Je regarde Markoff, lui-même fixe ses yeux sur moi : « Va-t'en donc, mon ami, il n'y a rien à faire ici pour toi », semble-t-il me dire; je comprenais si bien ce regard qu'en toute autre cir-

constance je me serais fait scrupule de prolonger ma visite. — « Mais pourquoi vous faut-il de l'argent? » (Voilà, matotchka, ce qu'il m'a demandé!) J'ouvris la bouche pour ne pas rester là sans rien dire, mais il refusa de m'entendre : « Non, interrompit-il, je n'ai pas d'argent; si j'en avais, ce serait avec plaisir. » J'insistai de toutes mes forces : « Voyez-vous, je ne vous demande pas une grosse somme, je vous rembourserai, vous serez payé à l'échéance, et même avant; prenez tel intérêt qu'il vous plaira; soyez sûr que je vous payerai... » En ce moment, matotchka, je pensais à vous, je me rappelais tous vos malheurs et tous vos besoins, je songeais à votre demi-rouble. « Qu'est-ce que cela me fait, les intérêts! reprit Markoff; voilà, si vous m'apportiez un gage! Mais, d'ailleurs, je n'ai pas d'argent, je vous le jure devant Dieu; autrement, ce serait avec plaisir. » Il a encore osé prendre Dieu à témoin, le brigand!

Après cela, ma chère, je ne me rappelle même pas comment je sortis, comment je traversai le quartier de Viborg, comment je parvins au pont de la Résurrection. Terriblement fatigué, transi de froid, je n'arrivai au bureau qu'à dix heures. Comme j'étais couvert de boue, je voulus me décrotter un peu; mais Snéguireff, l'appariteur, ne me le permit point : « Cela ne se peut pas, barine, me dit-il, vous abîmeriez la brosse, qui fait partie du mobilier de l'État. » Voilà comme ils sont maintenant, matotchka, c'est-à-dire que pour ces messieurs je suis moins que le paillasson sur lequel ils essuient leurs pieds. Savez-vous ce qui me tue, Varinka ? — Ce n'est pas l'argent, mais tous ces tracas de la vie, tous ces chuchotements, ces légers sourires, ces petits mots piquants. Son Excellence peut, par hasard, me remarquer. — Eh ! matotchka, mes beaux jours sont passés ! Aujourd'hui j'ai relu toutes vos lettres ; c'est triste, matotchka ! Adieu, ma chère; que le Seigneur vous conserve !

M. Diévouchkine.

P. S. — Je voulais, Varinka, prendre le ton tragi-comique pour vous raconter mon malheur, mais évidemment je ne suis pas en veine de plaisanterie. J'aurais voulu vous complaire. — Je passerai chez vous, matotchka, je n'y manquerai pas ; j'irai vous voir demain.

11 août.

Varvara Alexéievna ! Ma chérie, matotchka ! Je suis perdu, nous sommes perdus tous deux, tous deux ensemble, perdus sans retour. C'est fait de ma réputation, de ma dignité, — de tout ! Je suis perdu, et vous aussi, matotchka ; vous et moi, nous sommes perdus irrévocablement ! C'est moi, moi qui vous ai conduite à votre perte ! On me persécute, matotchka, on me méprise, on me raille, et ma logeuse m'adresse de véritables injures. Ce qu'elle a crié, vociféré contre moi aujourd'hui ! Elle me traite avec moins d'égards qu'un petit copeau. Le soir, à la réunion chez Ratazaïeff, quelqu'un a lu tout haut une lettre que je vous ai écrite et dont le brouillon est tombé, par hasard, de ma poche. Matotchka, quelles gorges chaudes ils en ont faites ! Ils nous ont blagués, blagués ; ils ont ri à se tordre, les traîtres ! Je suis allé les trouver et j'ai convaincu Ratazaïeff de perfidie ; je lui ai dit qu'il était un traître ! Ratazaïeff a répliqué que le traître, c'était moi ; que je m'occupais de diverses conquêtes. « Vous vous cachiez de nous, a-t-il dit, vous êtes un Lovelace »; et maintenant tout le monde m'appelle Lovelace, je n'ai plus d'autre nom! Entendez-vous, mon petit ange, entendez-vous? A présent ils savent tout, ils sont instruits de tout, ils vous connaissent, ma chère, ils n'ignorent rien, absolument rien! Mais quoi! Faldoni lui-même fait cause commune avec eux. Aujourd'hui je lui ai ordonné d'aller me chercher quelque chose chez le charcutier; il n'y a pas été et s'est borné à me répondre qu'il était occupé. « Quand je te charge d'une commission, tu dois la faire », lui dis-je. — « Non, je ne le dois pas, répliqua-t-il, vous ne payez pas ma patronne, par conséquent vous n'avez pas d'ordres à me donner. » L'insolence de ce moujik mal élevé me met hors de moi; je le traite d'imbécile, et il me répond : « Vous en êtes un autre. » Pensant qu'il devait être ivre pour me parler si grossièrement, je lui dis : « Tu as bu sans doute, paysan que tu es! » Alors lui : « C'est vous qui m'avez payé à boire peut-être? Vous-même avez-vous le moyen de vous pocharder? Vous demandez l'aumône à une femme, vous mendiez dix kopeks... Et un barine encore! » a-t-il ajouté. Voilà, matotchka, voilà où en sont venues les choses! On fait conscience de vivre, Varinka ! Je suis comme un excommunié; ma condition est pire que celle d'un vagabond sans passe-port. Ce sont des misères terribles. — Je suis perdu, positivement perdu ! perdu sans retour !

M. D.

13 août.

Très-cher Makar Alexéiévitch ! Nous subissons malheurs sur malheurs, je ne sais plus moi-même que faire ! Qu'allez-vous devenir maintenant ? Il n'y a guère à compter sur moi ; aujourd'hui je me suis brûlée avec un fer à repasser : je l'ai laissé tomber sur ma main gauche, en sorte que j'ai à la fois une contusion et une brûlure. Il m'est complétement impossible de travailler, et Fédora est malade depuis avant-hier. Je suis dans une inquiétude cruelle. Je vous envoie trente kopeks d'argent ; c'est à peu près tout ce qui nous reste ; mais Dieu sait combien je voudrais vous venir en aide dans vos besoins présents. Je suis triste à pleurer ! Adieu, mon ami ! Si vous veniez nous voir aujourd'hui, votre visite serait une grande consolation pour moi.

V. D.

14 août.

Makar Alexéiévitch ! Qu'est-ce que vous avez? Pour sûr, vous ne craignez pas Dieu ! Vous me rendrez folle positivement. N'êtes-vous pas honteux ? Vous vous perdez ; pensez seulement à votre réputation ! Vous êtes un homme honnête, noble, plein d'amour-propre ; — eh bien, quand tout le monde saura la vie que vous menez ! Mais alors vous mourrez de honte ! Ou n'avez-vous pas pitié de vos cheveux blancs ? Allons, craignez-vous Dieu ? Fédora a dit que désormais elle ne vous viendrait plus en aide, et moi je ne vous donnerai pas d'argent non plus. A quoi m'avez-vous réduite, Makar Alexéiévitch ! Vous croyez, sans doute, que votre mauvaise conduite ne me fait rien ! Vous ne savez pas encore ce que je souffre à cause de vous ! Je n'ose même plus descendre notre escalier : tout le monde me regarde, on me montre au doigt et l'on dit des choses si étranges ! — Oui, on dit carrément que *je me suis liée avec un ivrogne!* Oh ! que cela est pénible à entendre ! Quand on vous ramène, tous les locataires vous montrent avec mépris : « Voilà, disent-ils, on a ramené cet employé. » Et moi je ressens votre humiliation à un degré insupportable. Je vous jure que je m'en irai d'ici. Je me placerai quelque part comme femme de chambre, je me ferai blanchisseuse, mais je ne resterai pas dans ce logement. Je vous avais écrit de venir me voir, et vous n'êtes pas venu. Ainsi mes larmes et mes prières vous laissent indifférent, Makar Alexéiévitch ! Et où vous êtes-vous procuré de l'argent ? Pour l'amour du Créateur, prenez garde ! Vous vous perdez, vous vous perdez de gaieté de cœur ! Et quelle honte, quelle ignominie ! Hier, quand vous êtes rentré, votre logeuse a même refusé de vous ouvrir : vous avez passé la nuit dans le vestibule ; je sais tout. Si vous saviez combien j'ai souffert en apprenant tout cela ! Venez me voir, vous vous amuserez chez nous : nous ferons des lectures ensemble, nous parlerons du passé, Fédora racontera ses pèlerinages. Pour l'amour de moi, mon cher, ne causez pas votre perte et la mienne. Je ne vis que pour vous, c'est pour vous que je reste ici. Et voilà comme vous êtes maintenant ! Soyez un homme noble, ferme dans l'adversité ; rappelez-vous que pauvreté n'est pas vice. D'ailleurs, pourquoi désespérer ? Tout cela n'aura qu'un temps ! Avec l'aide de Dieu tout s'arrangera; mais maintenant retenez-vous. Je vous envoie vingt kopeks, achetez-vous du tabac ou tout ce qui vous plaira; seulement, pour l'amour de Dieu, ne faites pas un mauvais usage de cet argent. Venez nous voir, il faut absolument que vous veniez. Vous vous sentirez peut-être honteux comme autrefois, mais surmontez cette impression : c'est une fausse honte. Il faut seulement venir avec un repentir sincère. Mettez votre espoir en Dieu. Il arrangera tout pour le mieux.

V. D.

19 août.

Varvara Alexéievna, matotchka !

Je suis honteux, ma petite belette, Varvara Alexéievna, je suis tout à fait honteux. Du reste, qu'y a-t-il donc ici, matotchka, de si particulier ? Pourquoi ne pas s'égayer un peu le cœur ? Alors, je ne pense même plus à ma semelle, car une semelle ne signifie rien; elle restera toujours une simple, une vile, une malpropre semelle. Et les bottes elles-mêmes ne signifient rien non plus ! — Les philosophes grecs s'en passaient ; dès lors pourquoi nous autres attacherions-nous tant d'importance à un objet qui en est si peu digne ? Pourquoi me blesser, pourquoi me mépriser en ce cas ? Eh ! matotchka, matotchka, vous m'en avez écrit de belles ! Mais dites à Fédora qu'elle est une femme tracassière, agitée, insolente et, par-dessus le marché, bête, inexprimablement bête ! Pour ce qui est de mes cheveux blancs, sur ce point encore vous vous trompez, ma chère, car je suis loin d'être aussi vieux que vous le pensez. Emilian vous salue. Vous m'écrivez que vous avez été désolée et que vous avez pleuré ; je vous écris aussi que j'ai été désolé et que j'ai pleuré. Pour finir, je vous souhaite une santé et une félicité parfaites ; quant à moi, bien portant et heureux aussi, je reste, mon petit ange, votre ami

Makar Diévouchkine.

21 août.

MADEMOISELLE
 ET CHÈRE AMIE VARVARA ALEXÉIEVNA !

Je sens que je suis coupable, je sens que j'ai des torts envers vous ; oui, et, à mon avis, il ne sert de rien, matotchka, que je sente tout cela, quoi que vous en disiez. Avant ma faute, je sentais déjà tout cela ; mais voilà, j'ai cédé au découragement, j'ai succombé tout en sachant que je faisais mal. Matotchka, je ne suis pas méchant ni cruel ; pour déchirer votre petit cœur, ma colombe, il faut être ni plus ni moins qu'un tigre altéré de sang ; or j'ai un cœur de brebis, et, comme vous le savez, mon naturel n'est pas sanguinaire ; par conséquent, mon petit ange, je ne suis nullement coupable de ma faute, pas plus que mon cœur et mes pensées ne le sont ; je ne sais donc pas ce qui est coupable. C'est une chose fort obscure, matotchka ! Vous m'avez envoyé trente kopeks d'argent et ensuite deux grivnas ; j'ai eu le cœur navré en considérant cet argent qui me venait d'une orpheline. Vous vous êtes brûlé la main, bientôt vous aurez faim, et vous m'écrivez d'acheter du tabac. Eh bien, comment donc me comportais-je, en ce cas? Sans remords de conscience, comme un brigand, je vous dévalisais, vous une orpheline! Alors j'ai été démoralisé, matotchka, c'est-à-dire que, d'abord, sentant malgré moi que je n'étais bon à rien et que je ne valais guère mieux que ma semelle, j'ai cru déplacé de m'attribuer la moindre valeur et j'ai commencé, au contraire, à me prendre pour quelque chose d'inconvenant et, jusqu'à un certain point, d'indécent. Eh bien, du moment que j'avais perdu l'estime de moi-même, que je ne me reconnaissais plus aucune bonne qualité, aucun mérite, je devais succomber, la chute était inévitable! La destinée l'a voulu ainsi, et ce n'est pas ma faute. D'abord je suis sorti pour prendre un peu l'air. Il y a eu alors un concours de circonstances : la nature était si lugubre, il faisait froid, il pleuvait; et puis Emilian s'est trouvé sur mon chemin. Il a engagé tout ce qu'il possédait, Varinka, toutes ses affaires sont allées au clou, et quand je l'ai rencontré, il n'avait pas mangé depuis deux jours, si bien qu'il voulait mettre en gage quelque chose qu'il est impossible d'engager parce qu'on ne prête pas là-dessus. Eh bien, quoi, Varinka, j'ai cédé plutôt par compassion pour l'humanité que par entraînement personnel. Ainsi voilà d'où sont venus mes égarements, matotchka ! Lui et moi, comme nous avons pleuré ensemble ! Nous avons parlé de vous. Il est très-bon, c'est un excellent homme, et un homme très-sensible. Moi-même, matotchka, je sens tout cela, c'est même parce que je le sens très-bien qu'il m'arrive toujours de pareilles choses. Je sais ce que je vous dois, ma chérie ! En vous connaissant, j'ai appris à me mieux connaître moi-même, et je me suis mis à vous aimer. Avant vous, mon petit ange, j'étais solitaire et comme endormi ; à proprement parler, je ne vivais pas. Mes ennemis prétendaient que mon extérieur même était inconvenant, ils m'accablaient de leur mépris, et j'en étais venu à me mépriser moi-même ; ils disaient que j'étais stupide, et j'avais fini par le croire. Mais dès que vous m'êtes apparue, vous avez illuminé toute ma sombre vie ; mon cœur et mon âme se sont éclairés, j'ai trouvé la paix intérieure, j'ai reconnu que je ne valais pas moins que les autres, que si je n'avais rien de distingué, si le lustre, l'éclat, le prestige me faisaient défaut, j'étais un homme cependant, un homme par le cœur et les idées. Eh bien, maintenant, me sentant persécuté; humilié par le sort, j'ai cessé de croire à ma dignité personnelle, et mon moral a faibli sous le coup de l'adversité. A présent que vous savez tout, matotchka, je vous supplie avec larmes de ne plus me questionner sur ce sujet, car mon cœur est déchiré, et j'éprouve une amère souffrance.

Je vous assure de mon respect, matotchka, et reste votre dévoué

Makar Diévouchkine.

3 septembre.

J'ai laissé ma dernière lettre inachevée, Makar Alexéiévitch, parce qu'il m'était pénible d'écrire. Parfois il y a des moments où je suis bien aise d'être seule, de me chagriner à loisir, de m'abandonner sans partage à la tristesse, et ces moments commencent à être de plus en plus fréquents. Dans mes souvenirs il y a quelque chose de fort inexplicable pour moi, quelque chose qui m'absorbe si puissamment, que durant plusieurs heures je reste indifférente à tout ce qui m'entoure, oublieuse de tous les objets présents. Et dans ma vie actuelle il n'est pas d'impression — agréable, pénible, douloureuse, — dont je ne retrouve l'analogue dans mon passé, surtout dans mon enfance, mon heureuse enfance! Mais de tels instants me laissent toujours une sensation de malaise. Je m'affaiblis, ma rêverie me fatigue, et, indépendamment de cela, ma santé devient de plus en plus mauvaise.

Mais, ce matin, le temps frais, clair, radieux, comme il l'est rarement ici en automne, m'a ranimée, et j'ai joyeusement accueilli la journée d'aujourd'hui. Ainsi chez nous c'est déjà l'automne! Que j'aimais cette saison à la campagne! Quoique je ne fusse alors qu'un enfant, je sentais déjà bien des choses. En automne, j'aimais le soir plus que le matin. Je me rappelle qu'il y avait un lac à deux pas de chez nous, au pied d'une montagne. Ce lac, — il me semble que je le vois encore, — était si large, si uni; il avait la limpidité et la transparence du cristal. Si la soirée était calme, le lac était tranquille, aucun frémissement n'agitait les feuilles des arbres qui croissaient sur ses bords; l'eau était immobile, on aurait dit un miroir. Une fraîcheur! un froid! La rosée tombe sur l'herbe, des feux commencent à briller dans les izbas du rivage, on ramène le bétail à l'étable ; — alors sans bruit je m'esquive de la maison pour aller voir mon lac, et je m'oublie à le contempler. Tout au bord, des pêcheurs ont allumé un fagot de broussailles, et la lumière se projette au loin sur l'eau. Froid, d'un bleu foncé, le ciel est bordé, à ses extrémités, de franges rouges, flamboyantes, dont l'éclat pâlit peu à peu ; la lune se lève ; qu'un oiseau effrayé s'envole, qu'un roseau vibre au souffle de la brise, ou qu'un poisson gargouille dans l'eau, — l'air est si sonore qu'on entend tout. Au-dessus du lac bleu noir s'élève une vapeur blanche, légère, transparente. Le lointain s'assombrit ; là-bas tout semble noyé dans un brouillard, mais ici tout se détache avec une netteté, un relief extraordinaires, — le canot, le rivage, les îles ; — un tonneau abandonné, oublié tout près du bord, flotte doucement sur l'eau ; une petite branche de cytise aux feuilles jaunies s'embarrasse dans un roseau ; — une mouette attardée prend son essor, s'enfonce dans l'eau froide, puis, s'envolant, va se perdre dans le brouillard ; — je ne me lassais pas de regarder, d'écouter, — je me sentais extrêmement heureuse ! Et j'étais encore un enfant, un baby !...

J'aimais tant l'automne, — l'arrière-saison, quand déjà on rentre les blés et on finit tous les travaux, quand dans les izbas commencent les veillées et que tout le monde attend déjà l'hiver. Alors tout prend une teinte plus sombre; le ciel se couvre de nuages, les feuilles jaunes s'amoncellent, formant des sentiers à la lisière du bois dépouillé; celui-ci revêt une couleur bleu noir, le soir surtout, lorsque tombe le brouillard humide au travers duquel les arbres apparaissent comme des géants, comme de monstrueux et effrayants fantômes. Parfois, à la promenade, je me laissais devancer par les autres; puis m'apercevant que j'étais restée en arrière, qu'il n'y avait plus personne à mes côtés, je pressais le pas avec une sensation de malaise. Je tremblais comme la feuille : « Si quelque être terrible me guettait, caché dans le creux de cet arbre? » me disais-je. Pendant ce temps le vent soufflait à travers le bois, le remplissait de ses mugissements et de ses plaintes, détachait des rameaux flétris une nuée de feuilles qu'il faisait tourbillonner dans l'air; à leur suite passait avec des cris sauvages et perçants une volée d'oiseaux, longue et large au point d'obscurcir le ciel dans toute son étendue.

J'avais peur, et alors je croyais entendre quelqu'un, — une voix humaine, — me dire tout bas : — « Cours, cours, enfant, ne t'attarde pas; ce sera terrible ici tout à l'heure, cours, enfant! » — L'épouvante s'emparait de moi, et je courais à perdre haleine. J'arrivais essoufflée à la maison. Chez nous régnait une animation bruyante et joyeuse; on distribuait à tous les enfants leur tâche : on nous faisait écaler des pois ou des pavots. Le bois humide pétillait dans le poêle; ma mère considérait gaiement notre gai travail; ma vieille bonne Ouliana parlait de l'ancien temps ou racontait d'effrayantes histoires de sorciers et de revenants. Nous autres, petites filles, nous nous serrions les unes contre les autres, mais nous avions toutes le sourire aux lèvres. Soudain un silence se produisait parmi nous... Écoutez! On dirait que quelqu'un frappe à la porte! — Il n'en était rien; ce qui avait fait ce bruit, c'était le rouet de la vieille Frolovna. Ce qu'on riait! Mais ensuite, la nuit, la peur nous empêchait de dormir; nous faisions des rêves terribles. Parfois je m'éveillais, je n'osais pas bouger, et jusqu'à l'aurore je tremblais sous ma couverture. Le matin je me levais fraîche comme une fleur. Je regardais à la fenêtre : toute la campagne était gelée; aux branches dépouillées pendait le fin givre de l'automne; une glace mince comme une feuille de papier couvrait le lac sur lequel se levait une vapeur blanche; les oiseaux faisaient entendre des cris joyeux. Le soleil brillait, et ses rayons lumineux brisaient comme verre la mince couche de glace. Un temps clair, gai, serein! Dans le poêle de nouveau le feu petille, nous nous asseyons tous devant le samovar; notre chien noir Polkan, qui, la nuit, a été transi de froid, vient regarder à la fenêtre et nous salue en agitant sa queue. Passe devant nos croisées un moujik monté sur un cheval vigoureux, il va au bois s'approvisionner de combustible. La satisfaction, la gaieté est générale. On a récolté beaucoup de blé; le soleil dore les grandes meules couvertes de chaume, c'est un spectacle qui réjouit l'âme! Et tout le monde est tranquille, tout le monde est content; pour tous l'année a été bonne; chacun sait que, l'hiver, il aura du pain; le paysan est sûr que sa femme et ses enfants ne souffriront pas de la faim; aussi, durant les soirées, les jeunes filles ne cessent de chanter et de danser; aussi, le jour du Seigneur, tous avec des larmes de re-

connaissance prient dans la maison de Dieu!...
Ah! que mon enfance a été heureuse!...

Voilà qu'entraînée par mes souvenirs je viens de pleurer comme un enfant. J'ai retrouvé si vivantes dans ma mémoire toutes les choses d'autrefois, tout le passé m'est apparu si radieux, tandis que le présent est si trouble, si obscur! Comment cela finira-t-il? Quelle sera la fin de tout cela? Savez-vous, j'ai comme la conviction, la certitude que je mourrai cet automne. Je suis malade, très-malade. Je pense souvent que je mourrai, mais je ne voudrais pas mourir ainsi, — être enterrée ici. Peut-être que je devrai m'aliter encore comme au printemps dernier; je me ressens encore de la maladie que j'ai faite à cette époque. Tenez, en ce moment même, je suis fort souffrante. Fédora est sortie aujourd'hui pour toute la journée, et je suis seule à la maison. Or, depuis un certain temps, j'ai peur de rester seule; il me semble toujours qu'un autre est avec moi dans la chambre, que quelqu'un me parle; c'est surtout quand je m'enfonce dans quelque rêverie, tout d'un coup je me réveille effrayée. Voilà pourquoi je vous ai écrit une si longue lettre; quand j'écris, cela se passe. Adieu; je ne peux plus continuer, car le temps et le papier me font également défaut. Il ne me reste qu'un rouble d'argent sur la somme que m'ont rapportée mes robes et mon chapeau. Vous avez donné à votre logeuse deux roubles d'argent; c'est très-bien; à présent elle va vous laisser quelque répit.

Tâchez de réparer un peu le désordre de votre toilette. Adieu, je n'en puis plus; je ne comprends pas comment je deviens si faible; la moindre occupation me fatigue. Qu'il me vienne du travail, — comment travailler? Voilà ce qui me tue.

V. D.

5 septembre.

MA CHÈRE VARINKA!

Aujourd'hui, mon petit ange, j'ai éprouvé plusieurs impressions. D'abord, j'ai eu mal à la tête toute la journée. Pour prendre un peu l'air, je suis allé me promener le long de la Fontanka. La soirée était si sombre, si humide! Dès cinq heures le jour commençait à tomber, — tenez, comme maintenant! Il ne pleuvait pas, mais il faisait un brouillard qui valait une bonne pluie. Les nuages formaient de longues et larges taches sur le ciel. Beaucoup de monde circulait sur le quai, et, comme par un fait exprès, ces gens avaient tous des figures si terribles, si attristantes; des moujiks ivres, des Finnoises camardes, chaussées de bottes et nu-tête, des ouvriers, des cochers, des employés ayant affaire quelque part, des gamins, un apprenti serrurier, maigre, chétif, au visage enfumé, qui était vêtu d'une robe de chambre à raies et avait à la main une serrure, un soldat retraité, homme de six pieds, qui attendait le passage d'un marchand pour lui vendre un canif ou un petit anneau de bronze : — voilà quel était le public. A pareille heure, évidemment, il ne pouvait pas y en avoir un autre. C'est un canal navigable que la Fontanka! Les bateaux sont si nombreux qu'on ne comprend pas où tout cela peut trouver place. Sur les ponts se tiennent des femmes qui vendent des pains d'épice avariés et des pommes pourries, ces femmes sont si mouillées, si sales! Il est ennuyeux de se promener le long de la Fontanka! On a sous ses pieds le granit humide, à ses côtés de hautes maisons noires et enfumées; au-dessous de soi le brouillard, au-dessus encore le brouillard. Aujourd'hui la soirée était si maussade, si sombre!

Lorsque je tournai dans la rue aux Pois, la nuit était déjà venue et l'on commençait à allumer le gaz. Je n'étais pas allé rue aux Pois depuis pas mal de temps, — je n'en avais pas eu l'occasion. C'est une rue bruyante! Il y a là de belles boutiques, de luxueux magasins; quantité de marchandises superbes sont exposées derrière les vitrines, des étoffes de prix, des fleurs, toutes sortes de chapeaux enrubannés. Vous vous dites que tout cela est étalé ainsi pour la montre, pour l'ornement, — eh bien, non : il y a des gens qui achètent tout cela et qui en font cadeau à leurs femmes. Une rue riche! Beaucoup de boulangers allemands demeurent dans la rue aux Pois; ce doivent être aussi des gens fort à leur aise. Que de voitures passent à chaque instant! Comment le pavé peut-il résister à tout cela? Des équipages somptueux, des glaces comme des miroirs, du velours et de la soie à l'intérieur, des laquais aristocratiques qui portent des épaulettes et ont l'épée au côté. Je jetais un coup d'œil dans toutes les voitures, j'y apercevais toujours des dames en grande toilette, peut-être des princesses et des comtesses. Sans doute à cette heure-là elles allaient toutes au bal ou en soi-

rée. Je serais curieux de voir de près une princesse et, en général, une dame de la haute société; ce doit être fort beau; je n'en ai jamais vu, si ce n'est, comme maintenant, à travers les glaces de leurs voitures. J'ai pensé à vous alors.
— Ah, ma chère! A présent, quand je pense à vous, c'est avec tant de chagrin! Pourquoi, Varinka, êtes-vous si malheureuse? Mon petit ange! Mais en quoi donc valez-vous moins qu'elles toutes? Vous êtes bonne, belle, instruite; pourquoi donc un si triste sort vous est-il échu en partage? Comment se fait-il qu'un brave homme se trouve dans le malheur, et qu'à un autre le bonheur s'offre de lui-même? Je sais, je sais, matotchka, que c'est mal de nourrir de telles pensées, que c'est de l'impiété; mais, franchement, pourquoi l'un est-il voué au bonheur dès le sein de sa mère, tandis que l'autre vient au monde dans un hospice? Il arrive même que souvent Ivanouchka l'imbécile est favorisé par la destinée. « Toi, Ivanouchka l'imbécile, dit-elle, puise à pleines mains dans les coffres de ton grand-père, bois, mange, amuse-toi, et toi, un tel, brosse-toi le ventre, voilà ton lot, mon ami! » C'est un péché, matotchka, de penser cela, mais, sans qu'on le veuille, le péché se glisse dans

l'âme. Vous aussi vous devriez rouler carrosse, ma chère petite belette. Ce n'est pas des gens comme nous, mais des généraux qui devraient quêter un regard bienveillant de vous. Au lieu d'une vieille robe de guingan, vous devriez avoir sur votre personne de la soie et de l'or. Vous ne devriez pas être maigre, étiolée, comme à présent, mais fraîche, vermeille, potelée comme une petite figure de sucre. Et moi alors je serais heureux par cela seul que de la rue je vous verrais à travers les fenêtres brillamment éclairées, par cela seul que j'apercevrais votre ombre; rien qu'en pensant que là vous êtes gaie et heureuse, mon joli petit oiseau, je me réjouirais moi aussi. Tandis que maintenant! C'est peu que de méchantes gens vous aient perdue, un vaurien, un débauché vous insulte. Parce qu'il porte un frac de petit-maître, parce qu'il braque sur vous, l'effronté! un lorgnon, monté en or, tout lui est permis, et il faut écouter avec condescendance ses paroles inconvenantes! Mais pourquoi donc tout cela? Eh bien, parce que vous êtes orpheline, parce que vous êtes sans défense, parce que vous n'avez aucun ami puissant qui vous protège. Et qu'est-ce que c'est que l'homme, qu'est-ce que c'est que les gens qui se font un jeu d'insulter une orpheline? C'est de la drogue et non des hommes, c'est tout bonnement de la drogue, des êtres tels quels, qui ont l'air d'exister, mais qui, en réalité, n'existent pas, voilà mon opinion sur leur compte! Et, tenez, ma chère, suivant moi, le joueur d'orgue que j'ai rencontré aujourd'hui rue aux Pois mérite plus de respect qu'eux. Il marche toute la journée, il s'exténue, il attend, pour subsister, un malheureux groch, mais en revanche il est son maître, il gagne sa vie lui-même. Il ne veut pas demander l'aumône, il peine pour le plaisir des gens, comme une machine montée : — Voilà, dit-il, je fais mon possible pour procurer de la satisfaction. C'est un mendiant, à la vérité, c'est tout de même un mendiant, mais un noble mendiant; fatigué, transi de froid, il n'en continue pas moins à travailler, car, dans son genre, il travaille. Et il y a beaucoup d'honnêtes gens, matotchka, qui, bien que peu payés eu égard à leurs peines et à leurs services, ne font de courbettes à personne, ne demandent leur pain à personne. Moi-même je suis exactement dans le cas de ce joueur d'orgue, c'est-à-dire, non, je ne suis pas du tout dans son cas; mais en un certain sens, à un point de vue élevé, je lui ressemble, car, comme lui, je travaille de mon mieux, je fais ce que je peux. Ce n'est pas beaucoup, mais à l'impossible nul n'est tenu.

Si je me suis mis à parler de ce musicien ambulant, matotchka, c'est qu'aujourd'hui j'ai eu l'occasion d'éprouver doublement ma pauvreté. Je me suis arrêté devant le joueur d'orgue. Des pensées m'étaient venues dont je voulais me distraire. A côté de moi il y avait des cochers, une jeune fille, et une fillette toute sale. Le joueur d'orgue s'était installé devant les fenêtres d'une maison. Je remarque un jeune garçon qui pouvait avoir dix ans; il aurait été joli sans l'expression souffrante et maladive de son visage; il n'avait sur lui qu'une mauvaise chemise et je ne sais quel autre vêtement, je crois qu'il était nu-pieds; il écoutait, bouche béante, captivé par la musique comme on l'est à son âge. Pendant qu'il regardait danser les marionnettes de l'Allemand, lui-même avait les bras et les jambes engourdis, il tremblait, et rongeait le bout de sa manche. Je m'aperçois qu'il tient à la main un petit morceau de papier. Passa un monsieur, qui jeta une pièce de menue monnaie au joueur d'orgue; la pièce tomba droit dans la caisse de l'instrument, là où l'on voyait un Français danser avec des dames. Au tintement de la monnaie l'enfant tressaillit soudain, il regarda timidement autour de lui et, sans doute, crut que c'était moi qui avais donné l'argent. Il accourut vers moi et d'une main tremblante me tendit son papier en balbutiant : — « Une lettre ! » Je dépliai le billet et j'y lus la supplique bien connue : — « Mes bienfaiteurs, je suis mourante, mes trois enfants ont faim, venez-nous en aide à présent, et quand je serai morte, mes bienfaiteurs, je ne vous oublierai pas dans l'autre monde, vous qui, ici-bas, n'avez pas oublié mes chers petits. » Eh bien, quoi? l'affaire était claire, elle se voit tous les jours, mais que pouvais-je faire pour eux ? Bref, je n'ai rien donné à l'enfant. Et pourtant quelle pitié il m'inspirait ! Un pauvre petit garçon bleui par le froid, mourant de faim peut-être, il ne mentait pas, je suis sûr qu'il ne mentait pas : je connais cela. Seulement il y a une chose qui me révolte : pourquoi ces mauvaises mères, sans souci de la santé de leurs enfants, les envoient-elles à demi nus par un temps pareil solliciter la charité sur la voie publique ? C'est peut-être une femme bête, sans caractère ; il se peut aussi qu'elle soit réellement malade et qu'il n'y ait personne pour s'occuper d'elle. Eh bien, mais il faudrait s'adresser à qui de droit. Du reste, peut-être que c'est tout simplement une friponne qui, pour tromper les gens, envoie exprès un enfant souffreteux et affamé, au risque de lui occasionner une maladie. Et quelle éducation reçoit le pauvre petit garçon à qui l'on fait faire ce métier ? Il n'apprend qu'à haïr ; il va, court, sollicite. Les gens passent leur chemin, ils n'ont pas le temps. Ils ont des cœurs de pierre, leurs paroles sont dures. Arrière ! Sauve-toi ! Veux-tu t'en aller, polisson ! — Voilà ce qu'il s'entend dire par tout le monde, et son âme s'aigrit, et c'est en vain qu'il tremble au froid, le pauvre enfant effrayé, comme un petit oiseau tombé de son nid. Ses mains et ses pieds sont gelés, la respiration lui manque. Regardez, voilà qu'il tousse, le dénoûment est proche, la maladie comme un reptile immonde rampe vers sa poitrine : il est déjà marqué pour la mort dans quelque coin infect, sans soins, sans secours, — voilà toute sa vie ! Oh, Varinka, il est douloureux d'entendre ces mots « Pour l'amour du Christ » et de passer son chemin sans rien donner, en disant : « Dieu vous donnera. » Certains « Pour l'amour du Christ » ne font encore rien. (Il y en a de diverses sortes, matotchka.) Certains sont psalmodiés d'une voix lente, traînante, avec des intonations apprises qui révèlent la longue habitude de la mendicité; en ce cas il n'est pas encore trop pénible de ne pas donner : on se dit qu'on a affaire à un mendiant de profession que l'expérience a depuis longtemps cuirassé contre les refus. Mais parfois cet appel à la charité est proféré d'un ton inaccoutumé, rude, terrible. Aujourd'hui, par exemple, quand j'ai pris le papier du petit garçon, un individu qui était debout contre le mur et qui ne demandait pas l'aumône à tout le monde m'a dit incontinent : « Donne-moi un groch, barine, pour l'amour du Christ ! » et d'une voix si rude, si saccadée, que j'ai frissonné, pris d'une sorte de terreur, mais je ne lui ai pas donné de groch : je n'en avais pas. Et encore les gens riches n'aiment pas que les pauvres diables se plaignent tout haut de leur infortune: « Ils nous ennuient, ils sont importuns! » disent-ils. Oui, la pauvreté est toujours importune : — les gémissements des affamés empêchent, n'est-ce pas, les repus de dormir !

A vous parler franchement, ma chère, j'ai entrepris de vous décrire tout cela, en partie pour me soulager le cœur, mais surtout pour vous donner un échantillon du beau style de mes ouvrages. Car vous-même reconnaîtrez assurément, matotchka, que depuis quelque temps mon style se forme. Mais maintenant il m'est survenu un tel chagrin que je me suis mis à sympathiser, du fond de l'âme, à mes propres pensées, et, quoique je sache bien moi-même que cette sympathie ne m'avancera à rien, n'importe, c'est toujours pour moi une façon de me rendre justice. En vérité, ma chère, souvent, sans raison aucune, je me déprécie moi-même, je ne m'estime pas un groch, je me juge au-dessous d'un copeau quelconque. Et, pour m'exprimer par comparaison, cela vient peut-être de ce que je suis moi-même intimidé et molesté comme ce pauvre petit garçon qui m'a demandé l'aumône. Maintenant je vais vous parler par figures, allégoriquement, matotchka ; écoutez-moi donc : le matin, en allant à mon bureau, il m'arrive, ma chère, de contempler la ville, au moment où elle s'éveille, se lève, fume, bouillonne, fait son bruit, — alors devant un tel spectacle je suis parfois aplati comme si j'avais reçu une chiquenaude sur mon nez curieux; je fais un geste de résignation et je poursuis mon chemin, plus tranquille que l'eau, plus bas que l'herbe. Mais maintenant examinez ce qui se passe dans ces grandes maisons noires, enfumées, de la capitale, approfondissez cela et alors jugez vous-même si j'avais raison de me déprécier outre mesure et de m'abandonner à un découragement indigne. Notez, Varinka, que je parle allégoriquement, et ne prenez pas mes paroles au pied de la lettre. Eh bien, voyons un peu ce qu'il y a dans ces maisons. Là, dans quelque coin enfumé, dans quelque humide chenil où seul un indigent peut élire domicile, un ouvrier s'est éveillé ; mais toute la nuit il a rêvé de bottes, il a vu en songe l'entaille que, hier, par mégarde, il a faite à son cuir, comme si une pareille niaiserie devait précisément s'offrir à l'esprit de l'homme pendant son sommeil! Eh bien, mais c'est un ouvrier, un bottier : il est excusable de ne penser jamais qu'à son affaire. Ses enfants piaillent, sa femme a faim ; et d'autres même que les bottiers se lèvent parfois ainsi, ma chère. Ce ne serait rien encore, et la chose ne mériterait pas d'être signalée, mais voyez quelle circonstance se produit ici, matotchka : dans la même maison, à l'étage au-dessus ou au-dessous, dans un appartement doré, un très-riche personnage a peut-être, lui aussi, rêvé de bottes la nuit, je ne dis pas des mêmes bottes; celles qu'il a vues en rêve étaient d'un autre genre, d'une autre façon, mais c'étaient toujours des bottes, car, dans le sens où je l'entends ici, matotchka, nous sommes tous un peu bottiers. Cela non plus ne serait rien; le mal, c'est qu'il n'y a personne auprès de ce richard pour lui dire à l'oreille : « Cesse donc de songer à de pareilles choses, de ne penser qu'à toi, de ne vivre que pour toi ! Tu n'es pas un bottier, tes enfants se portent bien, ta femme ne demande pas à manger, regarde autour de toi, ne verras-tu pas pour tes soucis d'objet plus noble que tes bottes ? » Voilà ce que je voulais vous dire sous forme d'allégorie, Varinka. C'est peut-être une idée trop hardie, ma chère, mais cette idée me vient parfois, elle me visite de temps à autre, et alors, malgré moi, elle jaillit de mon cœur en paroles ardentes. En conséquence, je n'avais pas lieu de m'estimer un groch et d'être si timide. Pour conclure, matotchka, vous pensez peut-être que je calomnie quelqu'un auprès de vous, ou que j'écris sous l'influence de l'hypocondrie, ou enfin que j'ai pris cela dans un livre? Non, matotchka, détrompez-vous, — ce n'est pas cela : j'ai horreur de la calomnie, je ne suis pas hypocondriaque et je n'ai rien pris dans aucun livre ; — voilà le fait !

Je revins à la maison dans une disposition d'esprit fort chagrine, je m'assis devant ma table et je fis chauffer la théière, me disposant à boire un ou deux petits verres de thé. Tout à coup je vois entrer dans ma chambre Gorchkoff, le pauvre homme qui demeure chez nous. J'avais déjà remarqué le matin qu'il tournait toujours autour des locataires et qu'il avait envie de m'accoster. En passant, je vous dirai, matotchka, que sa situation est infiniment pire que la mienne. Je crois bien ! Une femme, des enfants ! — C'est-à-dire que si j'étais à sa place, je ne sais pas ce que je ferais ! Eh bien, voilà donc Gorchkoff qui entre chez moi ; il salue, une petite larme est, comme toujours, suspendue à ses cils ; il fait une révérence en traînant les pieds, mais ne peut proférer un mot. Je lui offris une chaise ; elle était démantibulée, il est vrai, mais il n'y en avait pas d'autre. Je l'invitai à prendre du thé. Il fit beaucoup de façons et à la fin pourtant il accepta un verre. Il voulait boire son thé sans sucre, j'exigeai qu'il le sucrât; après avoir fait encore beaucoup de cérémonies, il finit par mettre dans son verre le plus petit morceau de sucre et m'assura que le thé était excessivement doux. Eh, à quel abaissement la pauvreté réduit les gens ! — « Eh bien, quoi, qu'est-ce qu'il y a, batuchka ? » lui demandai-je. — « Mon bienfaiteur, Makar Alexéiévitch, ayez pitié de moi », me répondit-il, « secourez une famille malheureuse ; ma femme et mes enfants n'ont rien à manger ; c'est terrible pour un père ! » Je voulus parler, il m'interrompit : « Ici j'ai peur de tout le monde, Makar Alexéiévitch », poursuivit-il, « c'est-à-dire, ce n'est pas que j'aie peur, mais vous savez, je ne suis pas à mon aise, ce sont tous gens fiers et hautains. Je ne voudrais pas vous incommoder non plus, batuchka, mon bienfaiteur ; je sais que vous-même avez eu des ennuis, je sais que vous ne pouvez pas donner beaucoup, mais prêtez-moi si peu que ce soit. Je me suis permis de m'adresser à vous, parce que je connais votre bon cœur, je sais que vous-même avez été dans le besoin, que maintenant encore l'adversité vous éprouve et que, par suite, votre cœur est accessible à la pitié. Pardonnez-moi l'audace et l'inconvenance de ma démarche, Makar Alexéiévitch », acheva-t-il.—Je lui répondis que j'aurais été enchanté de lui venir en aide, mais que je n'avais rien, absolument rien. — « Batuchka, Makar Alexéiévitch », reprit le visiteur, « je ne vous demande pas grand'chose, mais voyez-vous (il devint tout rouge), ma femme et mes enfants meurent de faim ; si vous me donniez seulement un grivennik ! » Eh bien, ces mots me serrèrent le cœur. « En voilà un, pensai-je, qui est encore plus mal loti que moi ! » Mais il ne me restait que vingt kopeks, et l'emploi de cet argent était déjà trouvé ; je comptais m'en servir demain pour faire face à mes besoins les plus pressants. — « Non, mon cher, je ne puis pas », et je lui dis pourquoi. — « Batuchka, Makar Alexéiévitch », insista Gorchkoff, « donnez-moi si peu que vous voudrez, ne fût-ce que dix kopeks. » Eh bien, j'ai pris dans mon tiroir mes vingt kopeks et je les lui ai donnés, matotchka ; c'est toujours une bonne action ! Il est si malheureux ! Je me mis à causer avec lui : « Mais comment donc se fait-il, batuchka », lui demandai-je, « que vous soyez si gêné et que, dans un pareil dénûment, vous occupiez une chambre de cinq roubles d'argent ? » Il m'expliqua qu'il avait loué cette chambre six mois auparavant et qu'il avait payé un trimestre d'avance ; mais ensuite des circonstances étaient survenues qui avaient réduit le pauvre homme à la dernière extrémité. Il comptait que pour ce moment-ci son affaire serait finie. Il a une affaire désagréable. Voyez-vous, Varinka, la justice lui demande des comptes. Il est en procès avec un marchand qui a volé l'État dans une entreprise ; la fraude a été découverte, des poursuites ont été intentées contre le marchand, et celui-ci, accusé d'escroquerie, a impliqué dans son mauvais cas Gorchkoff, lequel se trouvait aussi avoir été mêlé à la chose. Mais, en réalité, Gorchkoff n'est coupable que de négligence, d'inattention ; son seul tort est de n'avoir pas assez veillé sur les intérêts du Trésor. La cause est pendante depuis plusieurs années déjà : diverses charges s'élèvent toujours contre Gorchkoff. — « Je suis innocent, complétement innocent de l'infamie qu'on m'impute », me dit-il, « je n'ai commis ni fraude ni escroquerie. » Cette affaire l'a un peu sali; on l'a exclu du service, et, quoiqu'on n'ait relevé contre lui aucun fait foncièrement délictueux, néanmoins, tant qu'il ne s'est pas pleinement justifié, il ne peut pas entrer en possession d'une somme importante que le marchand lui doit et que la justice lui conteste. Moi, je tiens pour vrai ce qu'il me dit, mais le tribunal ne l'en croit pas sur parole. L'affaire présente de telles complications qu'en cent ans vous ne la débrouilleriez pas. A peine l'a-t-on un peu éclaircie que le marchand emmêle de nouveau tous les fils. Je m'intéresse sincèrement à Gorchkoff, ma chère. J'ai compassion de lui. Il se trouve sans place, sa situation équivoque fait qu'on ne veut de lui nulle part ; ses économies ont été mangées, il est arrivé au bout de son rouleau, et pourtant il fallait vivre ; voilà que, fort mal à propos, il lui naît un enfant, — eh bien, ce sont des frais ; son fils tombe malade, — encore des frais ; il meurt, — nouvelles dépenses ; sa femme est valétudinaire, lui-même a depuis longtemps une mauvaise santé : en un mot, il a souffert, beaucoup souffert. Du reste, il s'attend à voir son procès jugé sous peu de jours et jugé en sa faveur ; à présent, dit-il, on n'en peut plus douter. Je le plains, je le plains fort, matotchka ! Je l'ai traité avec égards. C'est un homme effaré, rendu craintif par le malheur; il cherche des protections, eh bien, je lui ai témoigné de l'intérêt. Allons, adieu, matotchka, que le Christ soit avec vous, portez-vous bien. Ma chérie ! Quand je pense à vous, votre souvenir est comme un remède que j'applique sur mon âme malade ; je souffre pour vous, mais cette souffrance, je la supporte aisément.

Votre véritable ami

MAKAR DIÉVOUCHKINE.

9 septembre.

MATOTCHKA, VARVARA ALEXÉIEVNA !

Je vous écris hors de moi. Je suis tout bouleversé par un événement terrible. J'ai le vertige, je sens que tout tourne autour de moi. Ah! ma chère, ce que je vais vous raconter maintenant ! Voilà, je ne l'avais même pas pressenti. Si, je crois que je l'avais pressenti; j'avais eu le pressentiment de tout cela ; une voix secrète m'avait tout prédit à l'avance ! Dernièrement, j'ai même vu en songe quelque chose de pareil.

13.

Voici ce qui est arrivé! — Je vais vous raconter cela sans style, comme le Seigneur m'inspirera. Je me suis rendu aujourd'hui au bureau. Je m'assieds, je me mets à écrire. Mais il faut vous dire, matotchka, que hier j'avais écrit aussi. Eh bien, ainsi voilà, hier Timoféi Ivanovitch vient me trouver et daigne lui-même me donner un ordre : « Makar Alexéiévitch, dit-il, voici un papier urgent, pressé ; copiez-le proprement, avec soin, et vite ; il vient aujourd'hui à la signature. » — Je dois vous faire observer, mon petit ange, que hier je n'étais pas dans mon assiette, je n'avais l'esprit à rien ; j'étais si mélancolique, si chagrin ! Il y avait un froid dans mon cœur, des ténèbres dans mon âme; vous étiez toujours présente à ma pensée, ma pauvre petite belette. Eh bien, voilà, je me mis à la besogne, je copiai proprement, convenablement, mais je ne sais comment vous expliquer la chose, est-ce le mauvais esprit lui-même qui m'a dévoyé, est-ce qu'une fatalité mystérieuse l'avait décidé ainsi, ou bien est-ce tout bonnement que cela devait arriver? — toujours est-il que je sautai toute une ligne; le sens qui résulta de cette omission, le Seigneur le sait, ou, pour mieux dire, la phrase n'eut plus de sens. Hier le papier subit un retard, et il ne fut présenté qu'aujourd'hui à la signature de Son Excellence. Moi, comme si de rien n'était, j'arrive aujourd'hui au bureau à l'heure accoutumée et je prends place à côté d'Emilian Ivanovitch. Je dois vous faire remarquer, ma chère, que depuis peu je suis devenu deux fois plus timide, deux fois plus facile à déconcerter qu'auparavant. Ces derniers temps, je n'osais même plus regarder personne. Au moindre bruit que quelqu'un faisait avec sa chaise, j'avais la chair de poule. Aujourd'hui, modestement assis à ma place, le visage courbé sur mes papiers, j'avais l'air d'un hérisson, si bien qu'Éfim Akimovitch (le plus grand moqueur qui ait jamais existé) dit de façon à être entendu de tout le monde : « Pourquoi vous tenez-vous comme cela, Makar Alexéiévitch ? » Là-dessus, il fit une grimace telle que parmi tous ceux qui nous entouraient ce fut une explosion d'hilarité, — à mes dépens, cela va sans dire. Et les plaisanteries d'aller leur train! Je me bouchai les oreilles, je fermai les yeux, et je restai sans bouger. C'est mon habitude ; comme cela, ils me laissent plus vite tranquille. Tout à coup j'entends du bruit : on court, on s'agite ; j'entends...

mes oreilles ne me trompent-elles pas ? On m'appelle, on me demande, on appelle Diévouchkine. Mon cœur commença à trembler dans ma poitrine, et je ne sais pas moi-même de quoi j'avais peur : je sais seulement que j'étais effrayé comme jamais de ma vie je ne l'avais été. Je me décidai à faire le mort et ne quittai pas ma chaise. Mais voilà que le bruit recommence et se rapproche de plus en plus. Voilà qu'au-dessus de mon oreille on crie : « Diévouchkine ! Diévouchkine ! Où est Diévouchkine ? » Je lève les yeux, Evstafii Ivanovitch est devant moi : « Makar Alexéiévitch, allez vite chez Son Excellence ! Vous avez fait un tas de bévues dans votre copie. » Il n'en dit pas plus, mais c'était assez, n'est-ce pas, matotchka, cela suffisait ? Je reste pétrifié, mon sang se glace dans mes veines, je perds mes esprits ; bref, je quitte la chambre, plus mort que vif. On me fait traverser une pièce, puis une autre, puis une troisième, et finalement je suis introduit dans le cabinet ! Je ne saurais vous dire positivement à quoi je pensais alors. J'aperçois là Son Excellence, ils sont tous autour d'elle. Je crois que je ne saluai pas ; je l'oubliai. J'étais si troublé qu'un tremblement convulsif agitait mes lèvres ainsi que mes jambes. Et il y avait de quoi, matotchka. D'abord, je me sentais confus ; je regardai à droite dans un miroir, et ce que j'y vis aurait suffi pour me faire perdre la tête. Ensuite, j'avais toujours fait en sorte d'attirer le moins possible l'attention sur moi. C'est au point que Son Excellence connaissait à peine mon existence. Peut-être avait-elle vaguement entendu dire que parmi ses subordonnés se trouvait un certain Diévouchkine, mais jamais elle n'était entrée en rapports personnels avec moi.

Elle commença d'un ton courroucé : « Comment donc avez-vous fait cela, monsieur ? A quoi pensez-vous ? Un papier urgent, dont on a besoin tout de suite, et vous le gâtez. Comment avez-vous pu faire cela ? » Ensuite Son Excellence s'adressa à Evstafii Ivanovitch ; quelques mots seulement arrivèrent à mes oreilles : « Négligence !... étourderie !... m'attirez des désagréments !... » J'ouvris la bouche pour dire quelque chose. Je voulais demander pardon, mais cela me fut impossible. M'enfuir, — je n'osais pas l'essayer, et alors... alors, matotchka, eut lieu une aventure telle que maintenant encore, quand j'y pense, je puis à peine tenir ma plume, tant j'en suis honteux. Mon bouton, — que le diable l'emporte! — mon bouton qui ne tenait plus qu'à un fil, s'arracha tout à coup, sauta (je l'avais évidemment frôlé par mégarde), roula avec bruit et alla s'arrêter, le maudit! aux pieds de Son Excellence. Et cela au milieu d'un silence général! C'était là toute ma justification, mon excuse, ma réponse, tout ce que je voulais dire à Son Excellence! Les conséquences furent terribles! L'attention de Son Excellence se porta aussitôt sur ma figure et mon costume. Je me rappelai ce que j'avais vu dans le miroir. Je me précipitai pour rattraper mon bouton! L'affolement s'était emparé de moi! Je me baissai, je voulus saisir le bouton, mais il roulait, roulait, si bien que cela me fut impossible; en un mot, je me distinguai sous le rapport de l'adresse. Je sentis alors que mes dernières forces m'abandonnaient, que tout, tout était perdu! C'était fait de ma réputation, j'étais un homme flambé! Et, de but en blanc, à mes deux oreilles carillonnaient tour à tour Thérèse et Faldoni. Enfin je rattrapai mon bouton, je me levai, je me redressai et, en imbécile que j'étais, j'aurais dû rester tranquille, et mettre les mains sur la

cou ure du pantalon ! Mais non ! j'entrepris de
rajuster le bouton au fil arraché, comme s'il
pouvait tenir ; et, qui plus est, je souriais, oui,
je souriais encore ! Son Excellence s'était d'abord détournée, puis elle fixa de nouveau ses
regards sur moi. Je l'entends dire à Evstafii
Ivanovitch : « Comment donc ? Voyez un peu
dans quel état il est ! Comme il est ! Qu'est-ce
qu'il a ? » Ah ! ma chère, quel effet ces mots
produisirent sur moi ! Je m'étais distingué !
Evstafii Ivanovitch répond : « Il n'est pas noté,
il n'a aucune mauvaise note, sa conduite est
exemplaire, il a un traitement suffisant... » —
« Eh bien, aidez-le un peu », reprend Son Excellence, « il faut lui accorder une avance... » —
« Mais », dit Evstafii Ivanovitch, « il s'en est déjà
fait donner plusieurs, il a déjà touché par anticipation une grande partie de ses honoraires.
Il a assurément des embarras pécuniaires, mais
sa conduite est bonne, il n'y a jamais rien eu à
dire sur son compte. » Mon petit ange, j'étais
dans une fournaise, le feu de l'enfer me dévorait ! Je défaillais ! « Eh bien », dit en élevant
la voix Son Excellence, « il faut faire promptement une nouvelle copie ; Diévouchkine, venez
ici, recopiez cette pièce sans faire de fautes ;

mais écoutez... » Alors Son Excellence s'adressa aux autres, leur donna divers ordres, et tous se retirèrent. Sitôt qu'ils furent sortis, Son Excellence tira précipitamment son portefeuille, et y prit un billet de cent roubles. « Tenez, dit-elle, je fais ce que je peux, considérez-le comme vous voudrez, prenez... », et elle me mit l'assignat dans la main. Je frissonnai, mon ange, une violente secousse ébranla toute mon âme; je ne sais ce qui se passait en moi; je voulus saisir sa main. Il devint tout rouge, ma colombe, et — ici je ne m'écarte en rien de la vérité, ma chère, — il prit ma main indigne et la secoua, oui, il la prit et la secoua, comme il l'aurait pu faire à son égal, à un général comme lui-même. « Allez, dit-il, je fais ce que je peux... Ne faites pas d'erreurs; jusqu'à présent il n'y a que demi-faute. »

Maintenant, matotchka, voici ce que j'ai décidé : je vous demande, ainsi qu'à Fédora, et j'ordonnerais à mes enfants si j'en avais, de prier Dieu, c'est-à-dire, voici comment : pas de prier pour leur père, mais de prier pour Son Excellence chaque jour, éternellement! Je dirai encore une chose, matotchka, et je la dirai solennellement,—écoutez-moi bien, matotchka,—

je jure que, quelque perdu de douleur que j'aie été aux jours cruels de nos malheurs, en considérant d'une part votre détresse, de l'autre mon abaissement et mon incapacité, malgré tout cela je vous jure que les cent roubles ont moins de prix à mes yeux que la poignée de main dont Son Excellence a daigné m'honorer, moi indigne, moi un fétu de paille, un ivrogne! Par là elle m'a rendu à moi-même. Par ce procédé elle m'a ressuscité moralement, elle m'a fait désormais la vie plus douce, et, quelque pécheur que je sois, j'ai la ferme assurance que ma prière pour le bonheur et la prospérité de Son Excellence arrivera jusqu'au trône du Tout-Puissant.

Matotchka! Je suis maintenant dans un terrible désordre moral, dans une agitation extraordinaire! Mon cœur bat comme s'il voulait s'élancer hors de ma poitrine. Et moi-même je me trouve tout affaibli. Je vous envoie quarante-cinq roubles papier, je donnerai vingt roubles à ma logeuse, je garderai trente-cinq roubles; j'en dépenserai vingt pour me rhabiller, et il m'en restera quinze pour les besoins courants de la vie. Mais, maintenant, toutes ces impressions de la matinée ont bouleversé tout mon être. Je vais me coucher pour un moment. Du reste, je suis tranquille, fort tranquille. Seulement, j'ai l'âme brisée; il me semble l'entendre, là, tout au fond, elle frissonne, elle tremble, elle s'agite. — J'irai chez vous, mais à présent toutes ces sensations m'ont positivement enivré... Dieu voit tout, matotchka, mon inappréciable petite amie !

Votre digne ami

MAKAR DIÉVOUCHKINE.

10 septembre.

MON CHER MAKAR ALEXÉIÉVITCH !

J'ai appris votre bonheur avec une satisfaction inexprimable, et je sais apprécier les vertus de votre chef, mon ami. Ainsi, maintenant, le malheur a cessé de vous persécuter ! Seulement, pour l'amour de Dieu, ne faites plus de dépenses inutiles. Vivez tranquillement, le plus modestement possible, et commencez, dès aujourd'hui, à mettre chaque jour quelque chose de côté pour ne plus vous trouver tout d'un coup dans la gêne. Pour ce qui est de nous, je vous en prie, ne vous inquiétez pas. Fédora et moi, nous vivotons. Pourquoi nous avez-vous envoyé tant d'argent, Makar Alexéiévitch? Ce n'était pas nécessaire du tout. Ce que nous avons nous suffit. A la vérité, il nous faudra bientôt de l'argent pour déménager d'ici, mais Fédora compte être payée par quelqu'un qui lui doit depuis longtemps. Je garde, d'ailleurs, vingt roubles pour les besoins urgents. Je vous renvoie le reste. Ménagez l'argent, je vous prie, Makar Alexéiévitch. Adieu. Vivez tranquille maintenant, portez-vous bien et soyez gai. Je vous écrirais plus longuement, mais j'éprouve une fatigue terrible. Je ne me suis pas levée hier de toute la journée. Vous avez bien fait de me promettre votre visite. Venez me voir, je vous prie, Makar Alexéiévitch.

V. D.

11 septembre.

Ma chère Varvara Alexéievna !

Je vous en supplie, ma chérie, ne vous séparez pas de moi maintenant, maintenant que je suis parfaitement heureux et content de tout. Mon amie! N'écoutez pas Fédora, et je ferai tout ce qu'il vous plaira; je me conduirai bien; par seule considération pour Son Excellence, je me conduirai bien, je serai un modèle d'exactitude; nous nous écrirons encore l'un à l'autre d'heureuses lettres, nous nous confierons réciproquement nos pensées, nos joies, nos soucis, si nous avons des soucis; nous vivrons à deux dans la concorde et le bonheur. Nous nous occuperons de littérature... Mon petit ange ! Dans mon sort tout est changé, et changé en mieux. Ma logeuse est devenue plus traitable, Thérèse plus intelligente, Faldoni lui-même plus expéditif. Je me suis réconcilié avec Ratazaïeff. Dans ma joie, j'ai été moi-même chez lui. C'est vraiment un bon garçon, matotchka, et il n'y avait rien de vrai dans le mauvais dessein qu'on lui attribuait. J'ai découvert à présent que tout cela n'était qu'une ignoble calomnie. Il n'a jamais pensé à faire une satire sur nous, lui-même me l'a dit. Il m'a lu un nouvel ouvrage. Quant à ce nom de Lovelace qu'il m'a donné l'autre jour, ce n'est nullement une injure, ni une appellation inconvenante : il me l'a expliqué. C'est un mot littéralement pris à l'étranger, cela se dit de quelqu'un qui a de la *désinvolture* ou, pour m'exprimer plus littérairement, qui *marque bien;* — voilà! l'expression n'a pas d'autre sens. C'était une innocente plaisanterie, mon petit ange. Moi, malappris, j'ai eu la sottise de m'en offenser. Mais à présent j'ai fait mes excuses à Ratazaïeff... Et le temps est si remarquable aujourd'hui, Varinka, il fait si beau! A la vérité, dans la matinée, il y a eu un peu de grésil, si fin qu'on l'aurait dit passé au tamis. Ce n'est rien! En revanche, l'air s'est un peu rafraîchi. J'ai été acheter des bottes et je m'en suis payé de superbes. J'ai fait un tour de promenade sur la perspective Nevsky. J'ai lu d'un bout à l'autre la *Petite Abeille.* Oui! Mais j'oublie de vous raconter le principal.

Voici ce que c'est:

Ce matin, j'ai causé de Son Excellence avec Emilian Ivanovitch et avec Axentii Mikhaïlovitch. Je ne suis pas le seul, Varinka, qu'elle ait traité si généreusement. Ce n'est pas à moi seul qu'elle a fait du bien, et tout le monde connaît la bonté de son cœur. En maint endroit on chante ses louanges et l'on verse des larmes de reconnaissance. Elle a élevé chez elle une orpheline. Elle l'a établie, l'a mariée à un homme bien posé, à un fonctionnaire qui occupait auprès de Son Excellence l'emploi d'attaché pour missions spéciales. Elle a placé dans une chancellerie le fils d'une veuve, et elle a fait encore beaucoup d'autres bonnes actions. Matotchka, j'ai cru de mon devoir d'apporter aussi mon obole, j'ai appris à tous ceux qui ont voulu l'entendre le procédé de Son Excellence; je leur ai tout raconté sans rien cacher. J'ai foulé aux pieds le respect humain. Pourquoi être honteux en pareille circonstance, et qu'est-ce que l'amour-propre a à voir ici? Non, il faut élever la voix pour glorifier les actions de Son Excellence! J'ai parlé avec chaleur, avec enthousiasme; loin de rougir, j'étais fier d'avoir à raconter une telle chose. Je n'ai rien omis (sur vous seulement, par prudence, je me suis tu, matotchka), mais j'ai parlé de ma logeuse, et de Faldoni, et de Ratazaïeff, et des bottes, et de Markoff, j'ai tout dit. Quelques-uns ont ri, oui, c'est vrai, j'avouerai même qu'ils ont tous ri. Mais c'est assurément parce qu'ils ont trouvé quelque chose de ridicule dans ma figure, ou au sujet des bottes, — justement au sujet des bottes. Quant à une arrière-pensée maligne, il est impossible qu'ils en aient eu aucune. Les jeunes gens ont le rire facile; ils ont peut-être ri aussi parcè qu'ils sont des hommes riches, mais ils n'ont pas pu rire méchamment de mes paroles, je veux dire qu'ils ne se sont pas moqués de Son Excellence; — cela, ils ne l'ont pas pu faire. N'est-il pas vrai, Varinka?

Je n'ai pas encore pu reprendre complétement mes esprits, matotchka. Tous ces événements m'ont tellement troublé! Avez-vous du bois de chauffage? Ne vous enrhumez pas, Varinka; on attrape si vite un rhume! Oh! matotchka, vous me tuez avec vos idées lugubres. Je prie Dieu, comme je le prie pour vous, matotchka! A propos, avez-vous des bas de laine ou, d'une façon générale, des vêtements chauds? Assurez-vous-en, ma chérie. Si vous avez besoin de quelque chose, pour l'amour du Créateur, ne désobligez pas un vieillard. Adressez-vous à moi sans façon. Maintenant les mauvais temps sont passés. Ne vous inquiétez pas à mon sujet. L'avenir est si serein, si beau!

Mais j'ai eu de tristes moments, Varinka! Allons, peu importe, c'est passé! Plus tard, nous nous rappellerons ce temps-là avec un soupir de regret. Je me souviens de mes jeunes années. Alors, je me trouvais parfois sans un kopek. J'avais froid, j'avais faim, mais cela ne m'empêchait pas d'être gai. Le matin, je faisais un tour de promenade sur la perspective Nevsky, je rencontrais un joli petit minois et j'avais du bonheur pour toute la journée. C'était un fameux temps, matotchka, fameux ! Il fait bon vivre, Varinka ! Surtout à Pétersbourg. Hier, je me suis confessé, les larmes aux yeux, devant lé Seigneur Dieu, pour qu'il me pardonne tous mes péchés durant ce triste temps : murmures, idées libérales, débauche, colère. Pendant que je priais, j'ai pensé à vous avec attendrissement. Vous seule, mon petit ange, m'avez fortifié, vous seule m'avez consolé, vos bons conseils ont été un viatique pour moi. Jamais je ne pourrai oublier cela, matotchka. Aujourd'hui, j'ai baisé toutes vos lettres les unes après les autres, ma chérie ! Allons, adieu, matotchka. On dit qu'il y a quelque part, pas loin d'ici, des vêtements à vendre. Eh bien, je vais aller voir. Adieu donc, mon petit ange. Adieu !

Votre sincèrement dévoué

MAKAR DIÉVOUCHKINE.

15 septembre.

Monsieur Makar Alexéiévitch !

Je suis tout entière dans une agitation terrible. Écoutez ce qui nous est arrivé. Je pressens quelque chose de fatal. Tenez, jugez vous-même, mon inappréciable ami : M. Buikoff est à Pétersbourg. Fédora l'a rencontré. Il était en traîneau, il a fait arrêter, a abordé lui-même Fédora et lui a demandé où elle demeurait. Comme elle refusait de répondre, il a dit en riant qu'il savait qui habitait chez elle. (Évidemment Anna Fédorovna lui a tout raconté.) Alors Fédora n'a pu se contenir, et, séance tenante, en pleine rue, elle s'est mise à l'accabler de reproches, elle lui a dit qu'il était un homme immoral, qu'il était la cause de tous mes malheurs. Il a répondu que, quand on n'a pas un groch, naturellement, on est malheureux. Fédora lui a répliqué que j'aurais su gagner ma vie par mon travail, que j'aurais pu me marier, ou, du moins, trouver une place quelconque, tandis que maintenant mon bonheur était perdu pour toujours; que, de plus, j'étais malade et que je mourrais bientôt. Là-dessus, il a fait observer que j'étais encore trop jeune, qu'il y avait encore de la fermentation dans ma tête, et *que nos vertus étaient ternies* (c'est ainsi qu'il s'est exprimé). Fédora et moi nous pensions qu'il ne connaissait pas notre adresse, quand hier, comme je venais de sortir pour aller faire des emplettes à Gostinnii Dvor, il est entré tout à coup dans notre chambre ; il ne tenait pas, ce semble, à me trouver à la maison. Il a longuement questionné Fédora sur notre manière de vivre ; il a tout examiné chez nous, il a regardé mon ouvrage ; à la fin il a demandé : — « Quel est donc l'employé qui est en relation avec vous ? » En ce moment vous traversiez la cour. Fédora vous a montré à lui ; il vous a regardé et a souri. Fédora l'a instamment prié de s'en aller, elle lui a dit que les chagrins avaient gravement altéré ma santé et qu'il me serait fort désagréable de le voir chez nous. Après un silence, il a dit qu'il était venu comme cela, parce qu'il n'avait rien à faire, et il a voulu donner vingt-cinq roubles à Fédora ; naturellement, elle ne les a pas acceptés. — Qu'est-ce que cela signifierait bien ? Pourquoi est-il venu chez nous ? Je ne puis comprendre comment il est instruit de tout ce qui nous concerne. Je me perds en conjectures. Fédora dit qu'Axinia, sa belle-sœur, qui vient chez nous, connaît la blanchisseuse Nastasia, et qu'un cousin germain de Nastasia est garçon de bureau dans un ministère où est employé un ami du neveu d'Anna Fédorovna. Voilà le chemin que les cancans auraient pris pour arriver jusqu'à M. Buikoff! Du reste, il est fort possible aussi que Fédora se trompe; nous ne savons qu'imaginer. Se peut-il qu'il revienne chez nous! Cette seule pensée m'épouvante! Quand Fédora a raconté tout cela hier, j'ai été si effrayée que j'ai failli m'évanouir. Qu'est-ce qu'il leur faut encore? Je ne veux plus les connaître! Qu'ont-ils à s'occuper de moi, malheureuse! Ah! dans quelles transes je vis maintenant! Je m'attends toujours à voir entrer Buikoff. Que vais-je devenir? Qu'est-ce que me réserve encore la destinée? Pour l'amour du Christ, venez me voir tout de suite, Makar Alexéiévitch. Venez, pour l'amour de Dieu, venez.

18 septembre.

Matotchka, Varvara Alexéievna!

Aujourd'hui est arrivé chez nous un événement on ne peut plus triste et aussi inexplicable qu'inattendu. Notre pauvre Gorchkoff (notez ceci, matotchka) a obtenu un acquittement complet. Depuis longtemps déjà il avait été statué sur son cas, mais c'est aujourd'hui qu'il est allé entendre la résolution définitive. L'affaire a fini très-heureusement pour lui. On l'accusait de négligence et d'inattention ; — il a été acquitté sur tous les points. Reconnaissant la légitimité de sa créance, le tribunal a condamné le marchand à lui payer la somme importante au sujet de laquelle il était en procès ; ainsi, en même temps que l'honneur lui était rendu, sa situation matérielle se trouvait notablement améliorée, — en un mot l'issue de l'affaire comblait tous ses désirs. Il est rentré chez lui aujourd'hui à trois heures. Son visage était tout bouleversé ; pâle comme un linge, il avait les lèvres tremblantes, mais il souriait ; — il a embrassé sa femme et ses enfants. Nous sommes

allés tous ensemble lui porter nos félicitations.
Il a été très-touché de notre démarche, il a
salué de tous côtés, il a plusieurs fois serré la
main à chacun de nous. Il m'a même semblé
qu'il avait grandi, qu'il s'était redressé et qu'il
n'avait plus la larme à l'œil. Il était si agité, le
pauvre homme! Il ne pouvait pas rester deux
minutes en place, il prenait en main tous les
objets qui se trouvaient à sa portée, puis il les
abandonnait, il ne cessait de sourire et de saluer, il s'asseyait, se levait, se rasseyait, disait
Dieu sait quoi : « Mon honneur... l'honneur...
la bonne renommée... mes enfants »; — et
comme il disait cela ! Il s'est même mis à pleurer. Nous aussi, pour la plupart, nous pleurions.
Ratazaïeff, voulant évidemment le remonter,
lui a dit : « Qu'est-ce que l'honneur, batuchka,
quand on n'a pas à manger ? L'argent, batuchka,
l'argent, c'est le principal, voilà ce dont vous
devez remercier Dieu ! » — Et en même temps
il lui frappait sur l'épaule. J'ai cru remarquer
que Gorchkoff s'en était blessé ; ce n'est pas
qu'il ait laissé voir un mécontentement mani-
feste, mais il a regardé Ratazaïeff d'un air
étrange et il a ôté sa main de dessus son épaule.
Une chose qu'il n'aurait pas faite auparavant,

matotchka! Du reste, les caractères sont différents. — Ainsi moi, par exemple, dans une pareille joie, je ne me serais pas donné des airs hautains; voyez-vous, ma chère, parfois on se montre plus humble, plus révérencieux qu'il ne faut, et c'est uniquement un accès de bonté d'âme qui en est cause, cela ne vient que d'une sensibilité excessive... mais, du reste, il ne s'agit pas de moi ici! « Oui, dit-il, l'argent est aussi une bonne chose; Dieu soit loué! Dieu soit loué!... » Et ensuite, tout le temps que nous avons été chez lui, il a répété : « Dieu soit loué! Dieu soit loué!... » Sa femme a commandé un dîner un peu plus fin et plus plantureux que de coutume. Notre logeuse s'est elle-même chargée de faire la cuisine pour eux. C'est encore une assez bonne femme que notre logeuse. Mais jusqu'au dîner Gorchkoff n'a pas pu tenir en place. Il est passé chez tous les locataires, sans s'inquiéter s'ils avaient ou non témoigné le désir de recevoir sa visite. Il entrait, souriait, prenait une chaise, disait un mot, parfois même ne disait rien du tout, — et s'en allait. Chez l'enseigne, il a même pris des cartes en main; on l'a invité à une partie à quatre; il s'est mis à jouer, a fait toutes sortes de bévues et, après trois ou quatre passes, a brusquement quitté la table. « Non, a-t-il dit, ce n'est que... je n'ai voulu que... » et il est parti. Il m'a rencontré dans le corridor, m'a pris les deux mains et m'a regardé dans les yeux, mais d'un air si singulier; après m'avoir serré la main, il s'est éloigné, il souriait toujours, seulement son sourire était pénible, étrange, on aurait dit celui d'un mort. Sa femme pleurait de joie, la gaieté régnait chez eux comme en un jour de fête. Ils ont dîné vite. Voilà qu'après le repas il dit à sa femme : — « Écoutez, douchenka, je vais me reposer un moment », — et il va se mettre au lit. Il appelle sa petite fille, lui pose sa main sur la tête et caresse longtemps la chevelure de l'enfant. Ensuite il s'adresse de nouveau à sa femme : « Eh bien, et Pétinka? Notre Pétia, dit-il, Pétinka? » La femme fait le signe de la croix et répond qu'il est mort. — « Oui, oui, je sais, je sais tout. Pétinka est maintenant dans le royaume des cieux. » — Sa femme voit qu'il qu'il n'est pas dans son assiette, que l'événement l'a complétement bouleversé, et elle lui dit : — « Vous devriez dormir, douchenka. » — « Oui, c'est bien, tout de suite... je vais faire un petit somme. » Alors il s'est tourné de l'autre côté et il est resté quelque temps immobile; après quoi il a changé de position, il a voulu dire quelque chose. — « Quoi, mon ami? » lui demande sa femme qui n'a pas bien entendu. Pas de réponse. Elle attend un moment. — « Allons, se dit-elle, il s'est endormi », et elle va passer une petite heure chez la logeuse. Au bout de ce temps, elle revient et voit que son mari ne s'est pas encore éveillé : il est toujours couché sur le lit et ne fait aucun mouvement. Elle pense qu'il dort, s'assied et se met à travailler. D'après ce qu'elle raconte, elle était depuis une demi-heure tellement absorbée dans ses réflexions qu'elle ne se rappelle même pas à quoi elle pensait; elle dit seulement qu'elle avait même oublié son mari. Mais tout à coup une sensation d'inquiétude l'arrache à ses songeries; elle est surtout frappée du silence sépulcral qui règne dans la chambre. Elle jette les yeux sur le lit et voit que son mari est toujours couché dans la même position. Elle s'approche de lui, écarte la couverture, regarde : — il est tout à fait froid! Il était mort, matotchka; Gorchkoff était mort, mort subitement, comme si un coup de foudre l'avait tué. Mais de quoi il est mort, Dieu le sait. Moi, cela m'a tellement saisi, Varinka, que je n'ai pas encore pu me remettre de ma stupeur. On ne se figure pas qu'un homme puisse passer si brusquement de vie à trépas. Ce pauvre Gorchkoff! Ah! quelle destinée! Sa femme est consternée et tout en larmes; la petite fille s'est fourrée dans un coin. Il y a chez eux un tel remue-ménage; on va faire une enquête médicale... je ne puis pas bien vous dire. Mais cela fait peine, oh! que cela fait peine! Il est triste de penser qu'en effet vous ne savez ni le jour ni l'heure... Vous partez ainsi tout d'un coup...

Votre

Makar Diévouchkine.

19 septembre.

Mademoiselle Varvara Alexéievna!

Je m'empresse de vous informer, mon amie, que Ratazaïeff m'a trouvé du travail pour un écrivain. — Quelqu'un est venu le voir et lui a apporté un énorme manuscrit;—grâce à Dieu, je ne manquerai pas d'ouvrage. Seulement, c'est écrit d'une façon si peu lisible que je ne sais même pas comment me mettre à la besogne.

On désire avoir la copie le plus tôt possible. Le sujet traité par l'auteur est tel que je n'y comprends pas grand'chose... Il est convenu que je serai payé à raison de quarante kopeks la feuille. Tout cela est pour vous dire, ma chère, que je vais avoir des ressources supplémentaires. — Allons, maintenant, adieu, matotchka. Je vous quitte pour me mettre au travail.

Votre fidèle ami
Makar Diévouchkine.

23 septembre.

Mon cher ami, Makar Alexéiévitch!

Je ne vous ai pas écrit depuis deux jours, mon ami, mais j'ai eu beaucoup de soucis, beaucoup de tourment.

Buikoff vint chez moi avant-hier. J'étais seule, Fédora était sortie. J'allai ouvrir et je fus si effrayée en le voyant que je ne pus bouger de place. Je sentis que je pâlissais. Il entra avec le gros rire qui lui est habituel, prit une chaise et s'assit. Je fus longtemps sans pouvoir recouvrer ma présence d'esprit; à la fin je m'assis dans un coin et me mis à travailler. Il cessa bientôt de rire. Je crois que mon aspect le frappa. J'ai tellement maigri dans ces derniers temps ; mes joues et mes yeux se sont creusés, j'étais pâle comme un mouchoir... le fait est que celui qui m'a perdue de vue depuis un an doit avoir de la peine à me reconnaître. Il fixa sur moi un regard attentif et prolongé, puis la gaieté lui revint. Il engagea la conversation ; je ne me rappelle pas ce que je lui répondis, il se mit à rire. Sa visite dura une heure entière ; il s'entretint longuement avec moi, m'adressa diverses questions. Enfin, avant de se retirer, il me prit la main et dit (je vous cite mot pour mot ses paroles) : « Varvara Alexéievna ! Entre nous soit dit, Anna Fédorovna, votre parente et mon intime amie, est une ignoble créature. » (Non content de la qualifier ainsi, il lui appliqua une épithète inconvenante.) « Elle a aussi dévoyé votre cousine, et elle vous a perdue. De mon côté, moi aussi, dans cette circonstance, je me suis conduit comme un misérable ; mais quoi, cela se voit tous les jours dans la vie ! » Là-dessus, il partit d'un bruyant éclat de rire. Il observa ensuite qu'il n'était pas versé dans l'art de la parole : le principal, ce qu'il fallait dire, ce que le devoir d'un galant homme ne lui permettait pas de taire, il l'avait déjà dit; quant au reste, il allait le faire connaître en peu de mots. Alors il me déclara qu'il recherchait ma main, qu'il se croyait tenu de me rendre l'honneur, qu'il était riche; qu'après la noce il m'emmènerait à son village, dans une steppe où il voulait chasser le lièvre; qu'il ne reviendrait plus jamais à Pétersbourg, parce que Pétersbourg était une ville dégoûtante; qu'il avait ici à Pétersbourg, selon sa propre expression, un vaurien de neveu et qu'il s'était juré de ne lui rien laisser; c'était surtout pour cela, c'est-à-dire dans l'intention d'avoir des héritiers légitimes, qu'il recherchait ma main, tel était le principal motif pour lequel il me demandait en mariage. Il ajouta que je vivais fort pauvrement; que demeurant dans un pareil taudis, ce n'était pas étonnant que je fusse malade; il me prédit une mort certaine si je restais encore ainsi; il fit remarquer qu'à Pétersbourg les logements étaient infects, et, pour finir, me demanda si je n'avais besoin de rien.

Sa proposition me causa un tel saisissement que, sans savoir moi-même pourquoi, je me mis à pleurer. Il attribua mes larmes à la reconnaissance et me dit qu'il avait toujours été convaincu que j'étais une demoiselle bonne, sensible et instruite, mais qu'avant de se résoudre à cette démarche, il avait voulu se renseigner de la façon la plus détaillée sur ma conduite présente. Puis il me questionna sur vous : on lui avait tout appris, dit-il, vous étiez un homme de principes nobles; lui, de son côté, ne voulait pas être en reste avec vous; en fin de compte, il me demanda si cinq cents roubles seraient une rémunération suffisante de tout ce que vous aviez fait pour moi. Je lui déclarai que ce que vous aviez fait pour moi, aucune somme d'argent ne pourrait le payer. Il répliqua que tout cela était absurde, que c'était du pur roman, que j'étais encore jeune et que je lisais des vers, que les romans perdaient les jeunes filles, que les livres ne servaient qu'à gâter la moralité, et qu'il n'en pouvait souffrir aucun; il me conseilla d'attendre que j'eusse son âge pour parler des gens; « alors », ajouta-t-il, « vous les connaîtrez ». Il dit ensuite que je devais réfléchir mûrement à ses propositions, qu'il lui serait très-désagréable que, dans une question de cette importance, je me décidasse à la légère; que l'irréflexion et l'entraînement perdaient la jeunesse inexpérimentée, mais qu'il désirait vivement obtenir de moi une réponse favorable; qu'enfin, dans le cas contraire, il se verrait forcé d'épouser une marchande de Moscou, attendu qu'il s'était juré de déshériter son vaurien de neveu. Il laissa malgré moi cinq cents roubles sur mon métier à broder, en disant que c'était pour acheter des bonbons; il me promit qu'à la campagne je deviendrais grasse comme un beignet, et que je serais chez lui comme un coq en pâte. « A présent », acheva-t-il, « je suis terriblement occupé, j'ai des affaires qui me font trotter toute la journée, et je suis venu vous voir entre deux courses. » Là-dessus, il me quitta. J'ai longtemps réfléchi, mon ami, j'ai changé d'idée plus d'une fois, je me suis tourmenté l'esprit sur la question, à la fin je me suis décidée. Mon ami, je vais l'épouser, je dois agréer sa demande. Si quelqu'un peut effacer ma honte, me rendre un nom honorable, écarter de moi la pauvreté, les privations, le malheur, — eh bien, ce n'est que lui. Qu'ai-je donc à attendre de l'avenir? Que puis-je encore demander à la destinée? Fédora dit qu'il ne faut pas laisser échapper son bonheur; elle dit... mais comment peut-on parler de bonheur ici? Du moins, je ne trouve pas d'autre issue pour moi, mon inappréciable ami. Que voulez-vous que je fasse ? Le travail a détruit ma santé ; je ne puis pas travailler d'une façon suivie. Entrer en condition? — L'ennui de cette existence me tuerait; d'ailleurs, je ne conviens à personne. Je suis d'une constitution maladive, par conséquent je serai toujours à charge aux autres. Sans doute la position que j'accepte n'est pas le paradis, mais que faire, mon ami, que faire? Est-ce que j'ai le choix?

Je ne vous ai pas consulté. J'ai voulu ne prendre conseil que de moi-même. La résolution que vous venez de lire est irrévocable, et je vais la faire connaître immédiatement à Buikoff, qui d'ailleurs me presse de lui donner une réponse définitive. Il dit qu'il est obligé de partir, que ses affaires n'attendent pas, qu'on ne peut pas les ajourner pour des bagatelles. Dieu sait si je serai heureuse; mon sort est entre ses mains et sa sainte volonté est insondable, mais mon parti est pris. On dit que Buikoff est un homme bon : il m'estimera ; peut-être que moi aussi je l'estimerai. Qu'attendre de plus de notre mariage ?

Je vous apprends tout, Makar Alexéiévitch. Je suis sûre que vous comprendrez tout mon chagrin. N'essayez pas de me faire revenir sur ma détermination. Vos efforts seraient inutiles. Pesez dans votre propre cœur tout ce qui m'a forcée à agir ainsi. J'ai été fort agitée d'abord, mais maintenant je suis plus calme. Qu'ai-je en perspective? Je l'ignore. Il en adviendra ce qu'il pourra; à la grâce de Dieu!...

Buikoff est arrivé; je laisse ma lettre inachevée. J'avais encore bien des choses à vous dire. Buikoff est ici!

23 septembre.

Matotchka Varvara Alexéievna!

Je m'empresse de vous répondre, matotchka; je m'empresse de vous déclarer, matotchka, que je suis stupéfait. Ce n'est pas cela... Hier nous avons enterré Gorchkoff. Oui, c'est ainsi, Varinka, c'est ainsi. Buikoff a agi noblement; seulement voilà, voyez-vous, ma chère, ainsi vous consentez? Sans doute, la volonté de Dieu dirige tout; c'est ainsi, cela doit nécessairement être ainsi, c'est-à-dire qu'ici doit nécessairement se trouver la volonté de Dieu ; et la providence du Créateur céleste sans doute est bonne et insondable, et les destinées aussi, c'est la même chose. — Fédora s'intéresse aussi à vous. Sans doute, maintenant vous allez être heureuse, matotchka, vous serez dans l'aisance, ma chérie, ma charmante petite belette, mon petit ange, — seulement, voyez-vous, Varinka, pourquoi si vite que cela ? Oui, les affaires... M. Buikoff a des affaires, — sans doute, qui est-ce qui n'a pas d'affaires ? il peut en avoir comme un autre... Je l'ai vu quand il est sorti de chez vous. Il est bien, très-bien ; c'est même un fort bel homme. Seulement ce n'est pas cela, il ne s'agit pas de savoir s'il est bel homme, mais maintenant je n'ai plus ma tête. Seulement voilà, comment nous écrirons-nous à présent ? Et moi, comment vais-je rester seul ? Mon petit ange, je pèse tout, je pèse tout, comme vous me l'avez écrit ; je pèse dans mon cœur tout cela, toutes ces raisons. Je finissais de copier la douzième page quand ces événements ont fondu sur moi ! Matotchka, vous allez partir, vous avez, par conséquent, différentes choses à acheter, des chaussures, des vêtements ; eh bien, justement je connais un magasin, rue aux Pois; rappelez-vous comment je vous l'ai décrit. — Mais non! Comment cela, matotchka ? A quoi pensez-vous ? Vous ne pouvez pas partir maintenant, c'est impossible, absolument impossible. Vous avez beaucoup d'achats à faire, il faut que vous vous procuriez un équipage. De plus, il fait maintenant si mauvais! Regardez donc, il pleut à verse, et c'est une pluie si humide, et puis... et puis vous aurez froid, mon petit ange; votre petit cœur aura froid ! Voyons, vous avez peur d'un étranger, et vous partiriez ! Mais qui me restera ici? Oui ! Voilà Fédora qui dit qu'un grand bonheur vous attend... mais cette femme-là est méchante et elle désire ma perte. Irez-vous aux premières vêpres, matotchka ? J'irais pour vous voir. C'est vrai, matotchka, c'est parfaitement vrai que vous êtes une demoiselle instruite, vertueuse et sensible, mais qu'il épouse plutôt une marchande! Qu'en pensez-vous, matotchka ? Qu'il épouse plutôt une marchande ! — J'irai vous voir, ma Varinka, dès qu'il fera sombre, j'irai passer une heure chez vous. Maintenant les jours commencent à être courts; à la tombée de la nuit vous me verrez accourir. J'irai certainement passer une petite heure chez vous aujourd'hui, matotchka. En ce moment vous attendez Buikoff, mais dès qu'il sera parti, alors... Attendez-moi, matotchka, je viendrai...

Makar Diévouchkine.

27 septembre.

Mon ami, Makar Alexéiévitch !

M. Buikoff a dit que je devais absolument avoir trois douzaines de chemises en toile de Hollande. Ainsi il faut trouver le plus tôt possible des couturières pour deux douzaines, et nous avons fort peu de temps. M. Buikoff se fâche, il dit qu'on a énormément d'embarras avec ces chiffons. Notre mariage a lieu dans cinq jours, et le lendemain de la noce nous partons. M. Buikoff est pressé, il dit qu'on n'a pas besoin de perdre beaucoup de temps pour des niaiseries. Je suis brisée de fatigue et puis à peine me tenir sur mes jambes. J'ai un tas d'affaires, et, vraiment, il vaudrait mieux n'avoir pas tout cela. Autre chose : nous n'avons pas assez de blonde et de dentelle, ainsi il faudrait encore en acheter, car M. Buikoff dit qu'il ne veut pas que sa femme soit mise comme une cuisinière, et que je dois absolument « moucher le nez à toutes les femmes de propriétaires ». Ce sont ses propres expressions. Ainsi voilà, Makar Alexéiévitch, allez, s'il vous plaît, trouver madame Chiffon, rue aux Pois, et priez-la, d'abord, d'envoyer chez nous des couturières, ensuite de vouloir bien passer elle-même. Aujourd'hui je suis malade. Il fait très-froid dans notre nouvel appartement, où règne un désordre terrible. La tante de M. Buikoff se meurt de vieillesse. Je crains qu'elle ne succombe avant notre départ, mais M. Buikoff dit que ce n'est rien, qu'elle se remettra. Il n'y a aucun ordre dans la maison. Comme M. Buikoff ne demeure pas avec nous, tous les domestiques filent Dieu sait où. Fédora est quelquefois seule pour nous servir; le valet de chambre de M. Buikoff, qui doit avoir l'œil sur les gens, a disparu depuis avant-hier, et l'on ne sait ce qu'il est devenu. Chaque matin M. Buikoff entre en passant, il se met toujours en colère, et hier il a battu le gérant de la maison, ce qui lui a attiré des désagréments avec la police... Je n'ai personne pour vous porter ma lettre, je vous l'adresse par la poste. Oui! J'allais oublier le plus important. Dites à madame Chiffon qu'elle doit absolument changer les blondes en se réglant sur le modèle d'hier, et priez-la de passer elle-même chez moi pour me faire voir un nouveau choix. Dites-lui aussi que j'ai changé d'idée au sujet du canezou, qu'il faut le broder au crochet. Ah! encore : les monogrammes des mouchoirs doivent être brodés au tambour, entendez-vous? au tambour et pas à points plats. Faites-y attention, n'oubliez pas que c'est au tambour ! Voici encore une chose que j'allais oublier ; recommandez-lui, pour l'amour de Dieu, de mettre sur la pèlerine de petits nœuds de cordonnet, et puis de garnir le collet avec de la dentelle ou un large falbala. Dites-lui tout cela, s'il vous plaît, Makar Alexéiévitch.

Votre
V. D.

P. S. — Je suis si confuse du tracas que je vous donne toujours avec mes commissions! Avant-hier déjà vous avez passé toute la matinée en courses. Mais que faire ? Chez nous, tout est en désarroi, et moi-même je suis souffrante. Ainsi ne soyez pas fâché contre moi, Makar Alexéiévitch. Je suis si angoissée!

Ah! qu'adviendra-t-il de cela, mon ami, mon cher, mon bon Makar Alexéiévitch? Je n'ose envisager mon avenir. Je pressens toujours quelque chose, et je vis comme dans une vapeur de charbon.

P. S. — Pour l'amour de Dieu, mon ami, n'oubliez rien de ce que je viens de vous dire. Je crains toujours que vous ne fassiez quelque erreur. Rappelez-vous : au tambour et pas à points plats.

V. D.

27 septembre.

Mademoiselle Varvara Alexéievna!

J'ai fait ponctuellement toutes vos commissions. Madame Chiffon dit qu'elle avait déjà pensé elle-même à faire la broderie au tambour, que c'est plus convenable. Est-ce bien cela? Je ne sais pas, je n'ai pas trop compris. Ensuite, il était question de falbala dans votre lettre; eh bien, elle a aussi parlé du falbala. Seulement, matotchka, j'ai oublié ce qu'elle m'a dit du falbala. Je me rappelle seulement qu'elle a beaucoup parlé; quelle bavarde femelle ! Qu'est-ce qu'elle m'a donc jaboté ? Mais elle vous dira tout elle-même. Moi, matotchka, je suis complétement détraqué. Je n'ai même pas été au bureau aujourd'hui. Seulement, ma chère, vous avez tort de vous désespérer. Pour votre tranquillité, je suis prêt à courir tous les magasins. Vous m'écrivez que vous n'osez pas envisager l'avenir. Mais aujourd'hui, avant sept heures, vous saurez tout. Madame Chiffon elle-même ira chez vous. Ainsi, ne vous désespérez pas ; espérez, matotchka ; peut-être que tout s'arrangera pour le mieux : — voilà. Le maudit falbala, j'y pense toujours, ce falbala ne me sort pas de la tête ! J'irais bien chez vous, mon petit ange, certainement j'irais vous voir, je n'y manquerais pas ; j'ai même été deux fois déjà jusqu'à la porte de votre maison. Mais toujours Buikoff, je veux dire que M. Buikoff est toujours si fâché... voilà, ce n'est pas cela... Eh bien, mais quoi !

Makar Diévouchkine.

28 septembre.

Monsieur Makar Alexéiévitch !

Pour l'amour de Dieu, courez tout de suite chez le bijoutier. Dites-lui qu'il ne faut pas faire les boucles d'oreilles avec des perles et des émeraudes. M. Buikoff trouve que c'est trop riche, que cela lui reviendrait trop cher. Il est fâché, il dit qu'il a déjà beaucoup financé et que nous le ruinons; hier, il a déclaré que, s'il avait pu prévoir de pareilles dépenses, il ne m'aurait pas engagé sa parole. Il dit que, sitôt mariés, nous partirons, que nous ne recevrons pas, qu'il ne faut pas croire que je vais danser et pirouetter, qu'il y a encore loin d'ici aux fêtes. Voilà comme il parle ! Mais Dieu sait si je tiens à tout cela ! C'est M. Buikoff lui-même qui a tout commandé. Je n'ose même pas lui répondre : il est si irascible ! Que vais-je devenir ?

V. D.

                            28 septembre.

MA CHÉRIE, VARVARA ALEXÉIEVNA!

Je — c'est-à-dire que le bijoutier dit — bien ; quant à moi, je voulais d'abord dire que je suis tombé malade et que je ne puis me lever. C'est comme un fait exprès que dans un moment de presse, quand vous avez besoin de moi, j'attrape un refroidissement. Que le diable l'emporte ! Je vous apprendrai aussi que, pour mettre le comble à mes malheurs, Son Excellence s'est montrée sévère et a fait une scène violente à Emilian Ivanovitch; elle a tant crié qu'à la fin elle n'en pouvait plus, la pauvre Excellence. Je vous dis tout ce qui se passe. Je voulais encore vous écrire quelque chose, seulement j'ai peur de vous ennuyer. Voyez-vous, matotchka, je suis un homme bête, simple, j'écris les choses comme elles me viennent; aussi vous ne trouverez peut-être pas cela intéressant : — eh bien, mais quoi !

                    Votre
                        MAKAR DIÉVOUCHKINE.

29 septembre.

Ma chère Varvara Alexéievna!

J'ai vu Fédora aujourd'hui, ma chérie. Elle dit qu'on vous marie demain, que vous partez après-demain, et que M. Buikoff a déjà loué des chevaux. Pour ce qui est de Son Excellence, je vous en ai déjà parlé, matotchka. Oui, encore une chose : — j'ai vérifié la note du magasin de la rue aux Pois; il n'y a pas d'erreur, seulement c'est fort cher. Mais pourquoi donc M. Buikoff se fâche-t-il contre vous? Allons, soyez heureuse, matotchka! Je suis enchanté; oui, je serai enchanté si vous êtes heureuse. J'irais volontiers à l'église, matotchka, mais je ne puis pas, j'ai mal aux reins. Ainsi voilà, je reviens encore aux lettres: par qui donc maintenant nous seront-elles remises, matotchka? Oui, vous avez été très-généreuse à l'égard de Fédora, ma chère! Vous avez fait là une bonne action, mon amie; vous avez très-bien agi. C'est une bonne œuvre! Et pour chacune de vos bonnes œuvres le Seigneur vous bénira. — Les bonnes actions ne restent pas sans récompense, et la vertu sera toujours couronnée par la justice divine, tôt ou tard. Matotchka, j'aurais bien des choses à vous écrire ; je vous écrirais à toute heure, à toute minute, je vous écrirais toujours ! J'ai encore chez moi un livre à vous, les *Nouvelles de Bielkine;* eh bien, vous savez, matotchka, laissez-le-moi, faites-m'en cadeau, ma chérie. Ce n'est pas que j'aie si grande envie de le lire. Mais, vous le savez vous-même, matotchka, l'hiver approche ; les soirées seront longues, je serai triste ; eh bien, voilà, je lirai cela, matotchka. Je vais déménager et je m'installerai dans votre ancien logement que je louerai à Fédora. Pour rien au monde maintenant je ne me séparerai de cette honnête femme ; d'ailleurs, elle est si laborieuse ! Hier j'ai visité en détail le logement que vous avez quitté. Votre petit métier et la broderie qui est dessus sont restés à la même place, on n'y a pas touché, ils sont dans le coin . J'ai examiné votre broderie. Vous avez aussi laissé là divers chiffons. Dans le tiroir de votre table j'ai trouvé quelques feuilles de papier ; sur l'une d'elles est écrit : — « *Monsieur Makar Alexéiévitch, je m'empresse* » — rien de plus. Évidemment quelqu'un vous a interrompue à l'endroit le plus intéressant. Votre petit lit est dans le coin derrière le paravent... Ma chérie !!! Allons, adieu, adieu ; pour l'amour de Dieu, un mot le plus tôt possible en réponse à cette lettre.

Makar Diévouchkine.

30 septembre.

Mon inappréciable ami, Makar Alexéiévitch !

Tout est consommé ! Mon sort est décidé ; ce qu'il sera, je l'ignore, mais je me soumets à la volonté du Seigneur. Nous partons demain. Je vous dis adieu pour la dernière fois, mon inappréciable ami, mon cher bienfaiteur ! Ne vous faites pas de peine à mon sujet, vivez heureux, souvenez-vous de moi, et que la bénédiction de Dieu descende sur vous ! Je penserai souvent à vous, je me souviendrai de vous dans mes prières. — Voilà terminée une période de mon existence ! Elle me laisse peu de souvenirs consolants ; le vôtre ne m'en sera que plus précieux, vous n'en serez que plus cher à mon cœur. Vous êtes mon unique ami ; seul ici vous m'avez aimée. Je voyais tout, je savais comme vous m'aimiez. Un sourire de moi, une ligne de mon écriture vous rendait heureux. A présent il faudra vous habituer à ne plus me voir! Comment resterez-vous seul ici? Qui vous restera ici, mon bon, mon inappréciable, mon unique ami? Je vous laisse le livre, le métier, la lettre commencée; quand vous regarderez ces lignes interrompues, complétez-les par la pensée, lisez-y tout ce que vous auriez voulu entendre ou lire de moi, tout ce que je ne vous aurais pas écrit; mais maintenant, que n'écrirais-je pas! Souvenez-vous de votre pauvre Varinka qui vous a aimé d'une affection si solide. Toutes vos lettres sont restées dans la commode chez Fédora, dans le tiroir d'en haut. Vous m'écrivez que vous êtes malade, mais M. Buikoff ne me laisse aller nulle part aujourd'hui. Je vous écrirai, mon ami, je vous le promets; mais Dieu seul sait ce qui peut arriver. Ainsi, disons-nous adieu maintenant pour toujours, mon ami, mon chéri, pour toujours!... Oh! comme je vous embrasserais maintenant! Adieu, mon ami, adieu, adieu. Vivez heureux; portez-vous bien. Je prierai éternellement pour vous! Oh! que je suis triste! quel poids j'ai sur l'âme ! M. Buikoff m'appelle. Votre éternellement affectionnée

V.

P. S. — Mon âme est si pleine, si pleine de larmes à présent... Les larmes m'oppressent, m'étouffent. Adieu. Seigneur ! que je suis triste !

Souvenez-vous, souvenez-vous de votre pauvre Varinka !

———

Matotchka, Varinka, ma bien-aimée, ma chérie ! On vous emmène, vous partez ! Oui, maintenant ils feraient mieux de m'arracher le cœur de la poitrine que de vous arracher à moi ! Mais comment consentez-vous à cela ? — Voyons, vous pleurez, et vous partez ? Tout à l'heure j'ai reçu de vous un petit mot tout trempé de larmes. Par conséquent vous n'avez pas envie de partir, par conséquent on vous emmène de force, par conséquent vous avez pitié de moi, par conséquent vous m'aimez ! Mais comment donc, avec qui donc serez-vous maintenant ? Là-bas votre petit cœur souffrira, il aura froid, il aura la nausée. L'ennui le desséchera, le chagrin le brisera. Là vous mourrez; là on vous mettra dans la terre humide; il n'y aura même là personne pour vous pleurer! M. Buikoff continuera à chasser le lièvre... Ah! matotchka, matotchka! A quoi vous êtes-vous décidée, comment avez-vous pu prendre un tel parti? Qu'avez-vous fait, qu'avez-vous fait, quel crime avez-vous commis contre vous-même? Car là on vous fera descendre au tombeau; ils vous feront mourir là, mon petit ange. Vous êtes faible comme une plume, matotchka! Et moi, où étais-je? Imbécile, à quoi perdais-je alors mon temps? Je vois un enfant qui fait une folie, qui a la tête malade, rien de plus! J'aurais dû tout simplement... — eh bien, non! Franc imbécile que je suis, je ne pense à rien, je ne vois rien, je laisse tout faire, comme si la chose ne me regardait pas; et je courais encore après un falbala!... Non, Varinka, je me lèverai; je serai peut-être guéri d'ici à demain, eh bien, je me lèverai!... Je me jetterai sous les roues, matotchka; je ne vous laisserai pas partir! Mais non, qu'est-ce que c'est que cela, en effet? De quel droit tout cela se fait-il? Je partirai avec vous; je courrai derrière votre voiture, si vous ne me prenez pas, je courrai jusqu'à épuisement de forces, jusqu'à ce que je perde le souffle. Mais savez-vous seulement ce qu'est l'endroit où vous allez, matotchka ? Vous ne le savez peut-être pas ; eh bien, je vais vous le dire ! C'est une steppe, ma chère, une steppe nue ; nue comme la paume de ma main ! Là habitent des paysannes insensibles, des moujiks incultes et ivrognes. Là, à présent, les arbres sont dépouillés de leurs feuilles, il pleut, il fait froid, — et vous allez là ! M. Buikoff, lui, aura là une occupation : il chassera le lièvre ; mais vous, qu'est-ce que vous ferez ? Vous voulez être propriétaire, matotchka ? Mais, mon petit chérubin ! Regardez-vous donc, est-ce que vous ressemblez à une propriétaire ?... Mais comment cela peut-il être, Varinka ! A qui donc adresserai-je des lettres, matotchka ? Oui, prenez cela en considération, matotchka, — dites-vous : « A qui donc écrira-t-il ? » Qui désormais appellerai-je matotchka ? A qui donnerai-je ce nom si doux ? Où vous retrouver encore, mon petit ange ? Je mourrai, Varinka, je mourrai, pour sûr ; mon cœur ne supportera pas un tel malheur ! Je vous aimais comme la lumière de Dieu, comme ma propre fille; j'aimais tout en vous, matotchka, ma chérie! Et même je ne vivais que pour vous! Je travaillais, je faisais des copies, je sortais, j'allais me promener, je confiais mes observations au papier sous forme de lettres amicales, tout cela, matotchka, parce que vous demeuriez ici, en face, tout près de moi. Vous ne le saviez peut-être pas, mais c'était ainsi. Écoutez, matotchka, jugez, ma chère petite amie, s'il est possible que vous nous quittiez! Ma chérie, vous ne pouvez pas vous en aller, c'est impossible, c'est de toute impossibilité. Voyez, il pleut, et vous n'êtes pas forte; vous prendrez un refroidissement. Votre équipage ne vous protégera pas contre la pluie, vous serez toute trempée à coup sûr. Vous n'aurez pas plus tôt dépassé la barrière qu'il arrivera un accident à votre voiture; elle se brisera exprès. Ici, à Pétersbourg, on fait les voitures d'une façon exécrable! Je les connais, tous ces carrossiers; ils savent fabriquer de jolis joujoux, ça a du chic, mais voilà tout, ce n'est pas solide! Je jure que ce n'est pas solidement fait! Matotchka, je me jetterai aux genoux de M. Buikoff; je lui prouverai, je lui démontrerai tout! Vous lui expliquerez aussi les choses, matotchka, vous lui parlerez raison!... Vous lui direz que vous restez et que vous ne pouvez pas partir!... Ah! que n'a-t-il épousé une marchande à Moscou! Il aurait bien dû aller se marier là! Une marchande aurait mieux valu pour lui, beaucoup mieux; je sais pourquoi! Et je vous aurais gardée ici près de moi. Mais qu'est-ce que Buikoff est pour vous, matotchka? Comment vous est-il devenu tout d'un coup si cher? C'est peut-être parce qu'il vous achète tout le temps des falbalas, c'est peut-être pour cela? Mais qu'est-ce donc qu'un falbala? Pourquoi un falbala? C'est une niaiserie, matotchka! En ce moment il y va d'une vie humaine, et un falbala n'est qu'un chiffon, matotchka, un misérable chiffon! D'ailleurs, moi-même, dès que j'aurai reçu mon traitement, je vous en payerai, des falbalas, je vous en achèterai une quantité, matotchka; je connais certain petit magasin; attendez seulement que j'aie touché mes honoraires, mon petit chérubin, Varinka! Ah! Seigneur, Seigneur! Ainsi, c'est décidé : vous allez dans la steppe avec M. Buikoff, vous partez pour ne plus revenir! Ah! matotchka!... Non, vous m'écrirez encore, vous m'enverrez encore un mot pour me donner de vos nouvelles, et, quand vous serez partie, vous m'écrirez de là-bas. Autrement, mon ange céleste, ce serait la dernière lettre, et il n'est pas possible que cette lettre soit la dernière ! Comment donc, notre correspondance s'arrêterait ainsi tout d'un coup ! Mais non, je vous écrirai et vous m'écrirez aussi... Maintenant mon style se forme... Ah ! ma chère, que parlé-je de style ! Tenez, en ce moment je ne sais pas ce que j'écris, je ne le sais pas du tout, je ne sais rien, je ne me relis pas et ne corrige pas mon style, je ne pense qu'à vous écrire, à vous écrire le plus possible... Ma bien-aimée, ma chérie, matotchka !

FIN.

www.ingramcontent.com/pod-product-compliance
Lightning Source LLC
Chambersburg PA
CBHW070752170426
43200CB00007B/744